中国・四国

ゆったり山歩き

日帰りで楽しむ厳選コースガイド

山歩きの会・遊道山 著

もくじ

※本書は2020年発行の『中国・四国 山歩きガイド 改訂版 ゆったり楽しむ』を元に加筆・修正を行い、書名・装丁を変更して新たに発行したものです。

四国地方の山

本書の読み方

❶山名…紹介するエリアの代表的な山の名前、またはエリアの名前を掲載しています。
❷体力度…おおまかな体力&技術のレベルを４段階で示しています。
❸日程…終日・半日または泊数。
❹歩行時間…実際に歩く時間です。休憩時間は含まれていません。標準よりも少しゆとりのある設定にしています。
❺歩行距離…移動する距離の概算を記載しています。
❻累計標高差…累計の登りの数値を記載しています。
❼標高…山頂の標高の数値を記載しています。
❽本文…コースの特徴とポイントを説明しています。
❾コースMAP…コースの概略図です。実際に山を訪れる場合は国土地理院発行の２万５０００分の１地形図を併せてご使用ください。
❿コースガイド…コースの断面図です。高低差の確認の参考にしてください。
⓫ワンポイントアドバイス…別ルートやコースの留意点などをアドバイス。また、みどころもチェックしております。

⓬DATA…おすすめシーズン、トイレ状況、駐車場状況、アクセスについて記載しています。

⓭四季の魅力…植物や生き物、風景など、そのスポットならではの四季の魅力をご紹介しています。

⓮立ち寄りスポット…周辺の温泉地、施設、観光地など、おすすめスポットをご紹介しています。
⓯お問合せ…情報の問合せ先の電話番号を記載しています。
⓰県名…紹介コースの起点となる場所がある県名です。
●本書に掲載されているデータは２０２３年10月時点のものです。交通、道路、その他

各種情報は変更されている場合があります。必ず最新の情報をご確認ください。またコースガイドについても、気象や地形の変化、土木工事などにより変わっている場合があります。

標高は計算に国土地理院の50mメッシュ標高データを使用していますので実際の数値とは誤差がある場合があります。

●山名の読み方は自治体で使用している呼称などを参考に最も一般的であると思われるものを編集部で決定しました。

●本書に掲載したコース断面図の作成および累積標高差の計算等に、DAN杉本氏作成の「カシミール3D」を利用させていただきました、お礼申し上げます。

西中国山地の最高峰から日本海と瀬戸内海を眺める

1 恐羅漢山《おそらかんざん》

2 体力度 ★★★☆
3 日程 半日
4 歩行時間 4時間
5 歩行距離 6.9km
6 累計標高差 570m
7 標高 1346m

▲ブナやミズナラの落葉樹林の中を歩いていく。恐羅漢のスキー場は人工降雪を行わず天然雪だけで運営されている

広島県の安芸太田町と島根県の益田市匹見町を分ける恐羅漢山は、西中国山地の最高峰。降雪量が豊富で、冬場は広島県内では有数の規模のスキー場として、九州や中国エリアから多くのスキーヤーが訪れる。

山稜には多くのブナの原生林が見られ、林間を滑走するボーダーの姿も。夏場の登山基地としてはスキー場のある牛小屋高原付近が人気。

まず牛小屋高原レストハウスから谷沿いの樹林帯を登り、約40分で夏焼峠（なつやきのきびれ）❷に到着する。ここから左手に尾根筋を進む。右側の台所原一帯に広がるブナの原生林が見事だ。やがて稜線上もブナの樹林帯に入り、しばらく進むと立山尾根ルートとの合流点❸に着く。

8 ここから恐羅漢山山頂❹は10分～20分程度。頂上の岩の上からは、好天であれば日本海、瀬戸内海双方を見ることができる。ここから片道30分で旧羅漢山❺を往復しよう。帰路は立山尾根ルートを登山口❽へと下る。

広島 16

11 ワンポイントアドバイス

▲夏焼峠から右へ稜線を進めば砥石郷山(1177m)となる。片道50分の道のり。一帯は熊の生息地なので熊よけの鈴などをザックにどうぞ

▲冬はスノーシューを履いてのトレッキングも楽しい。スキー場があるので車でアプローチが可能

9 コースMAP

10 コースガイド

立ち寄りスポット

▼登山口近くにあるエコロジーキャンプ場は、その名にふさわしく風力や太陽光エネルギー源として採用している。4月中旬～11月中旬(期間中無休)。冬季はエリアでも人気のスキー場。スノートレッキングなどのイベントも用意されている

14

13

四季の魅力

▲麓に位置する国の特別名勝三段峡は、黒淵、猿飛、二段滝、三段滝、三ツ滝の景観からなる「五大壮観」が見どころ。他にも大小様々な滝、淵などが美しい景観を作る。全て歩くと13km近くある

12 恐羅漢山DATA

●おすすめ登山シーズン
4月～11月
●トイレ
恐羅漢エコロジーキャンプ場
●駐車場
周辺多数あり
●アクセス
戸河内ICから約45分。恐羅漢スキー場の案内看板に従っていく

●お問合せ　(一社)地域商社あきおおた TEL0826-28-1800
恐羅漢山エコロジーキャンプ場 TEL0826-28-7270

15

＊本書に掲載した地図の作成にあたっては、国土地理院長の承認を得て、同院発行の、数値地図25000（地図画像）及び数値地図50mメッシュ（標高）を使用したものである
（承認番号平24情使、第888号）

column

山歩きの準備と持ち物

日本全土には代表的な「日本百名山」を含め、約25000以上もの山があります。それぞれの山は異なる多彩な特徴や風景を持っているので、山好きの興味が尽きることはないでしょう。登る山や歩くトレイルを決めたら、できるだけその場所についての情報を集め、まず計画を練ります。初心者なら単独行は避け、経験者と同行することで、自身が想定できない危険リスクを回避できます。

いきなり難しい山へ挑戦するのでなく、余裕を持って登れる里山から経験を積んで、徐々にステップアップすることが大切です。

装備と持ち物については、計画に基づき難易度、季節に応じて対応する必要があるので、リストを作成した上で準備することをおすすめします。気候が急激に変わることが予想される場合は、経験者や専門店のスタッフに助言を仰ぐと良いでしょう。

持っていく衣類、食料はザックに背負っていくので、重量次第で体力の消耗度に影響します。よく考えて選択を。また、履いていく靴は新しいものでなく事前に履き慣らしておき、靴下も一度洗ってソフトにしクッション性を持たせておけばマメを作ることをかなり回避できます。マメができると、かばう動きが生じ、足を捻るなどその後の行動に影響するばかりか美しい景色の感動も薄れます。

さて、持っていくものが決まったら食料関係、衣類、行動中に使う地図コンパス、救急用品などそれぞれを袋に用途別に分けパッキング。こうしておくと必要品をすぐ取り出せます。加えて、ザックには軽い衣類を底に、重い水などは身体に近い上部へ、固く角のあるカメラや双眼鏡は衣類に包んで保護しておけば重量のバランスがよく、身体にも当たらず、移動が楽になります。

パックの中身が出しやすい、25Lの日帰り用バックパック

日帰り登山携行品リスト ☑check!!

★★★★重要

□財布（お金）
□運転免許証
□登山靴・トレッキングシューズ
□ザック（バックパック）
□水筒（ペットボトル）
□薬（持病用）

★★★必要

□携帯電話
□充電器
□ヘッドランプ（マグライト）
□予備電池
□コンパス
□地形図・登山用地図
□レインウェア
（セパレートタイプ）
□防寒着
□手袋・軍手
□山行計画書
□腕時計（防水）
□多機能ナイフ・ライター
□タオル・バンダナ
□ロールペーパー
（水溶性ティッシュ）
□健康保険証
□ビニール袋
□帽子

☆番外　□お酒

★★あれば便利

□レスキューシート
□カップまたはシェラカップ
□熊対策グッズ（鈴、笛、スプレーなど）
□防虫スプレー
□ザックカバー
□スパッツ ストック
□折り畳み傘
□サングラス
□行動食（おやつ）
□非常食

★余裕があれば

□軽アイゼン
（季節によっては★★★）
□筆記用具
□救急セット
□カメラ
□ウェットティッシュ
□日焼け止め・リップクリーム
□ラジオ
□ストーブ
□燃料
□コッヘル
□箸・スプーン
□食材・ドライフーズ
□塩
□携帯GPS機器
□双眼鏡
□ポケット図鑑

歴史と個性に溢れる人気の三山

中国・四国を代表する山といえば
やはりこの三山
大山、剣、石鎚
その頂は四方を見渡し
信仰の山としての歴史を体感させる
「日本百名山」人気の三座

大山
古来から信仰を集める
「日本四名山」の一座

剣山

かつての「四国の秘境」にも
便利にアプローチ

石鎚山

西日本最高峰の霊峰。
鎖場を経て山頂へ

大山《だいせん》

古来から信仰を集める「日本四名山」の一座

▲六合目あたりから視界が開け元谷方面やユートピア避難小屋が見えてくる

体力度
★★★★

日程
終日

歩行時間
5時間

歩行距離
7km

累計標高差
約930m

標高
1,709m

大山隠岐国立公園のシンボルである大山

　大山隠岐国立公園のシンボルである大山。冬のスキーとともに、西日本を代表する人気の登山地として親しまれている。大山の頂上は標高１７２９メートルの弥山（みせん）。火山として形成され、風化や冬の厳しい気象条件により崩落が進行している。また登山などの影響で一時山頂付近から植物が失われたが「一木一石運動」によって緑が蘇っている。登山道以外は自然保護と安全のため立ち入ることはできない。

▲八合目から先は、山頂付近の植生を守るため木道が敷かれている

夏は登山、冬はスキー豊かなブナの自然林道

　最も代表的なのは夏山登山道を経て弥山山頂へと向かうルート。大山寺バス停付近は大山ナショナルパークセンター❶などの施設や宿泊施設が建ち並び、夏は登山、冬はスキーや冬山登山の基地となる。

▲山頂からは360度の展望。大山の火山活動によって形成された山並みが一望できる

大山寺橋を渡り、トイレがある夏山登山口からまずは阿弥陀堂❷を目指す。

そこから少し登れば一合目の標識がある。登山道には九合目まで分かりやすい標識が立てられているので、これを目印にあせらず進もう。道は丸太の階段によって整備されている。ブナなどの豊かな自然林も目に鮮やかで、五合目には小さな山の神の祠が祀られている。

ブナが途切れ低木帯に変わると六合目の避難小屋❹に着く。展望が開け、ここで休憩をとる登山者が多い。

やや険しさが増した道をジグザグに登っていき、八合目❺を過ぎて間もなく木道が敷かれた登山道へ。周囲はキャラボクなどが広がる。樹木を傷めないよう、木道から降りないこと。

山頂❻付近には避難小屋があり休憩できる。トイレもあり、マナーを守って美しく使いたい。

帰りは往路を下る。風景や樹木をより楽しみながらどうぞ。

▲しばらくこうした階段が続く

ワンポイントアドバイス

▲大山寺のバス停横にある総合情報提供施設、大山ナショナルパークセンター。定期バスや冬季に運行されるシャトルバスの待合所があるほか、トイレ、更衣室や休憩室があり気軽に利用できる（年中無休8：00～18：30）

大山頂上
夏山登山口
大山寺本堂

▲登山途中の標識（写真上）と五合目の山の神の祠（写真下）

大山六合目
大山夏山登山道

▲道標は一合ごとにしっかりしたものが立っている。これを励みに頑張ろう

▲山頂付近には避難小屋があり休憩できる。トイレあり

コースMAP
START!
P
WC
24
30
158
1 11
大山ナショナルパークセンター
大山自然歴史館
2 10
阿弥陀堂
大山寺
大神山神社奥宮
常行谷
夏山登山道
行者谷別れ 3 9
行者谷
元谷
ブナ林
4 8 六合目避難小屋
やや険しさが増したジグザグ道
別山沢
別山
エボシ岩
小屏風岩
八合目 5 7
弥山沢
中ノ沢
木道が敷かれた登山道
ダイセンキャラボク純林
弥山
6 ▲1709
山頂
大ノ沢
伯耆大山
N

コースガイド

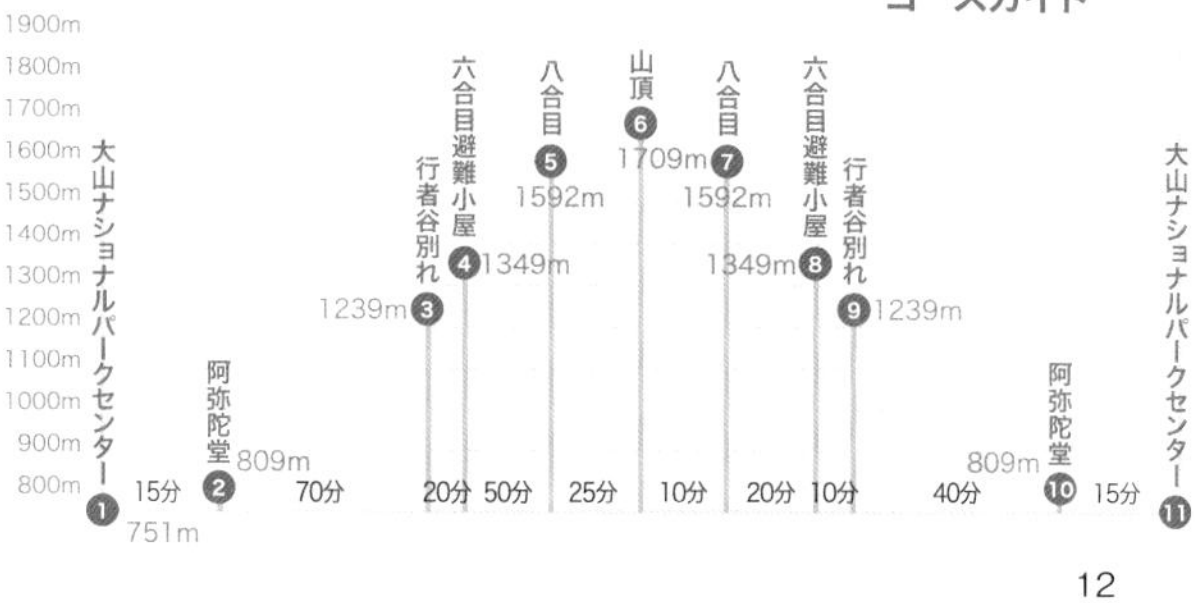
2000m
1900m
1800m
1700m
1600m
1500m
1400m
1300m
1200m
1100m
1000m
900m
800m
1 大山ナショナルパークセンター 751m
15分
2 阿弥陀堂 809m
70分
3 行者谷別れ 1239m
20分
4 六合目避難小屋 1349m
50分
5 八合目 1592m
25分
6 山頂 1709m
10分
7 八合目 1592m
20分
8 六合目避難小屋 1349m
10分
9 行者谷別れ 1239m
40分
10 阿弥陀堂 809m
15分
11 大山ナショナルパークセンター

四季の魅力

日本最大の大群落、ダイセンキャラボク

大山の麓の高原は観光地としても人気があり、また有名温泉地である皆生温泉からも登山口は近く、アフター登山の観光プランには事欠かない。

豊かに残る自然は四季折々の姿を見せてくれ、ブナの原生林や山頂付近の高山植物の数々も楽しめる。弥山山頂付近のダイセンキャラボクは日本最大の大群落で鳥取県の県木ともなっている。

▲夏に、白い小さな花が傘状に密集して咲くシシウドと先端がやや尖っているナンゴククガイソウの群生。宝珠山側で見ることができる

▶弥山山頂付近のダイセンキャラボク。日本最大の大群落で鳥取県の県木ともなっている

▲斜面一帯に咲くシモツケソウとナンゴククガイソウ。花期は7〜8月。夏に花畑を見ることができる

立ち寄りスポット 大山寺

大山は山岳信仰に帰依する修験道の修行道場として栄えた。平安時代以降多くの寺院と修業する僧で賑わったが、明治維新の後の「廃仏毀釈」で廃れ、現在は四つの参拝堂と十の支院を残すのみとなった。大山寺は天台宗の古刹で、当時の面影を偲ぶことができる。参道には土産物店や宿坊などが門前町を形成し、気軽なウォーキングコースとしてもおすすめ

大山DATA

●おすすめ登山シーズン
5月〜11月上旬

●トイレ
登山口、山頂避難小屋、6合目避難小屋（携帯トイレブース）

●駐車場
大山博労座駐車場1000台。冬期は有料。年中無休

●アクセス
米子バスターミナル、JR米子駅前より日本交通「大山寺」行きバスで約50分。米子道溝口ICより県道45・158・24号線経由で約20分

●お問合せ 大山町観光案内所 TEL0859-52-2502
（財）自然公園財団 鳥取支部大山事業地
（大山ナショナルパークセンター） TEL0859-52-2165

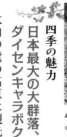

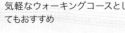

▲尾根筋からおだやかな風景が広がり実に心地よい

剣山《つるぎさん》

かつての「四国の秘境」にも便利にアプローチ

日本百名山

体力度
★★★☆

日程
半日

歩行時間
2時間50分

歩行距離
5.7km

累計標高差
約608m

標高
1954.7m

▲冬は厳しいむき出しの自然が覆う

山深き剣山系の盟主

　海岸線から遠く離れ、四国の中心近くに位置する剣山系は、平家の落人伝説にも見られるように山深い地だ。しかし、高速道路の開通により以前よりアプローチは容易になった。公共交通機関でも可能だが、マイカーを使った移動が便利だ。

　山深きゆえに、多くの希少な動植物が生存している。以前は絶滅も危惧されたツキノワグマの生息も確認された（登山中に遭遇するケースは少ない）。訪れる登山者も多い山だけに、こうした自然を守り、共生していく心がけで楽しみたい。古くから信仰を集める剣山。頂上の剣山本宮宝蔵石神社を日指そう。

見ノ越から山頂へ

　剣山と丸笹山の鞍部にある見ノ越❶は民宿などが並び賑わいを見せる。スタートは剣

▲剣山遠望。かつては山深き四国の秘境として平家の落人伝説も伝わる

神社の階段から。本殿前を右へ曲がり（分岐②）登山道へと入る。

ブナやミズナラの巨木が早くもお出迎え。リフト駅の近くでトンネルを抜けて、西島神社③を目指して登っていく。道はブナの天然林の中を進む。西島神社は剣山の行場の一角にある。

キャンプ場を右に見ながらリフト終点の西島駅④に着く。リフトを使用すれば、ここまでの行程を15分に短縮できる。

山頂付近はなだらかな起伏の「平家の馬場」

ここから山頂へは大剣神社経由（大剣コース）、刀掛ノ松経由（尾根コース）、そして山腹を巻く遊歩道コースがあるが、人気が高いのは大剣コース。登りはこちらを進み、下りで尾根コースをとるルートを紹介しよう。

周囲にカエデやツガが増えてくる中、トラバース気味に登っていく。やがて大剣神社⑤へ。御塔石と呼ばれる御神体先端部が屋根の上へと突き出している。剣山の名前の由来となったという説もある。

大剣神社からは急な傾斜をダケカンバに沿って一歩一歩登っていこう。鳥居をくぐると剣山本宮宝蔵石神社に。頂上ヒュッテ⑥が隣接する。

頂上付近は広々とした台地で「平家の馬場」と呼ばれる。南西端に一等三角点⑦。抜群の展望だ。

帰りは尾根コースをたどり、西島からは往路を下る。

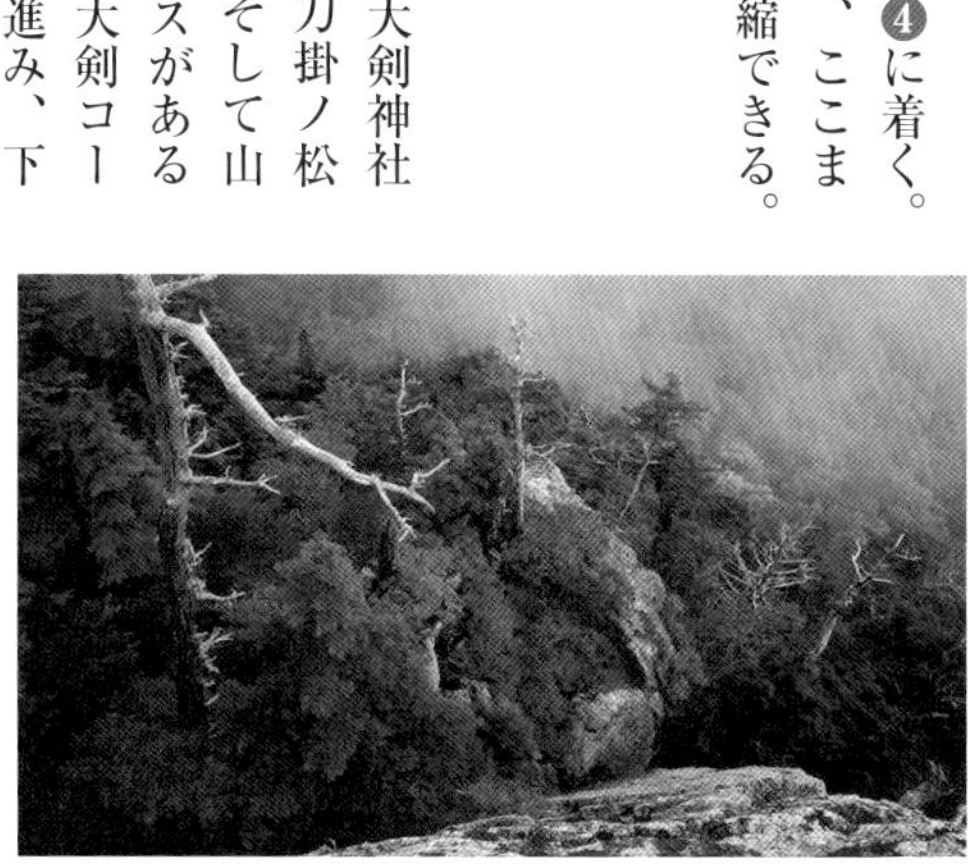
▲西島神社付近。この先にリフト駅がある

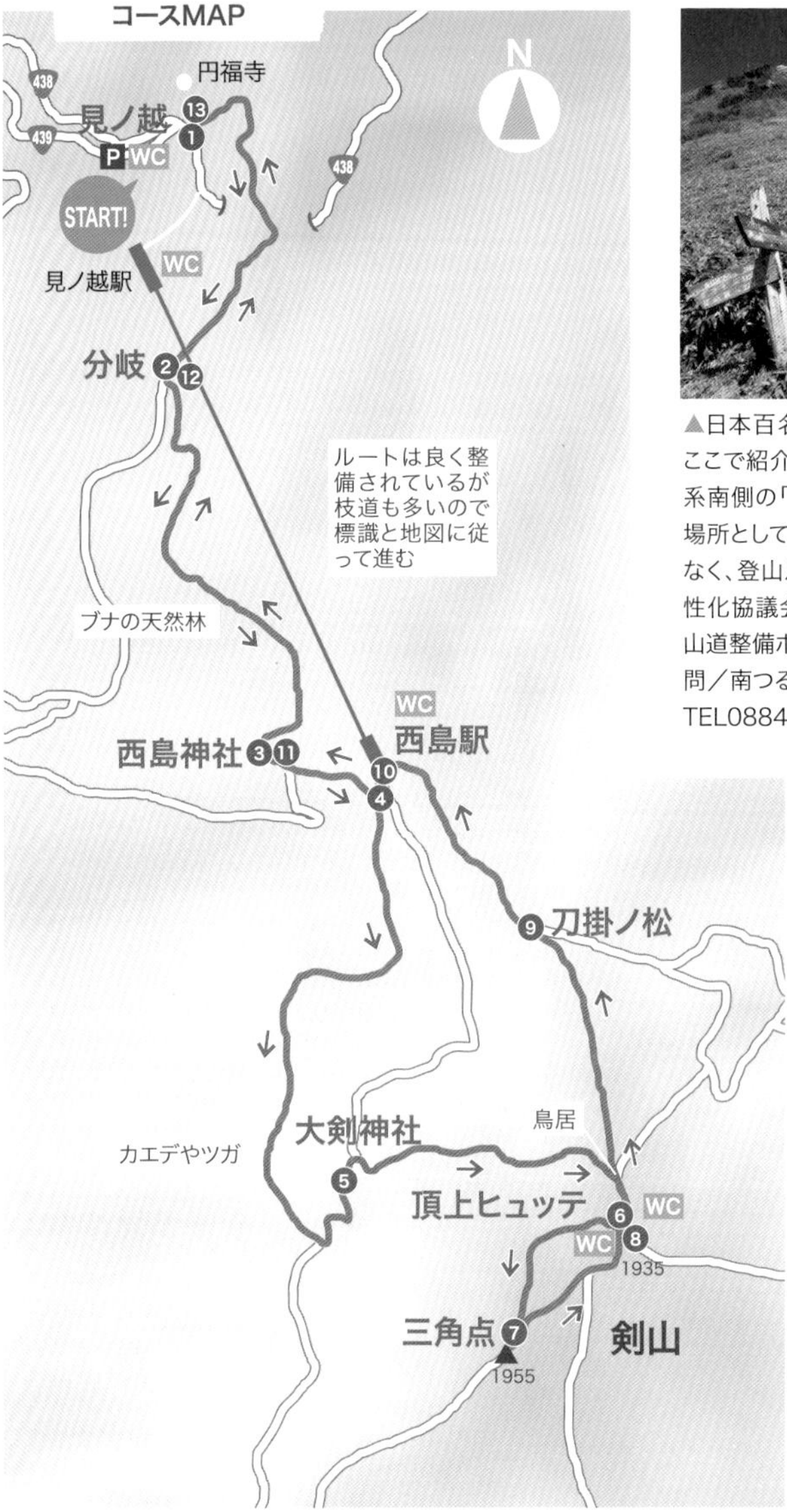
コースMAP
N
円福寺
438
439
見ノ越
P WC
START!
WC
見ノ越駅
分岐
ルートは良く整備されているが枝道も多いので標識と地図に従って進む
ブナの天然林
WC
西島駅
西島神社
刀掛ノ松
大剣神社
鳥居
カエデやツガ
頂上ヒュッテ
WC
WC
1935
三角点
剣山
1955

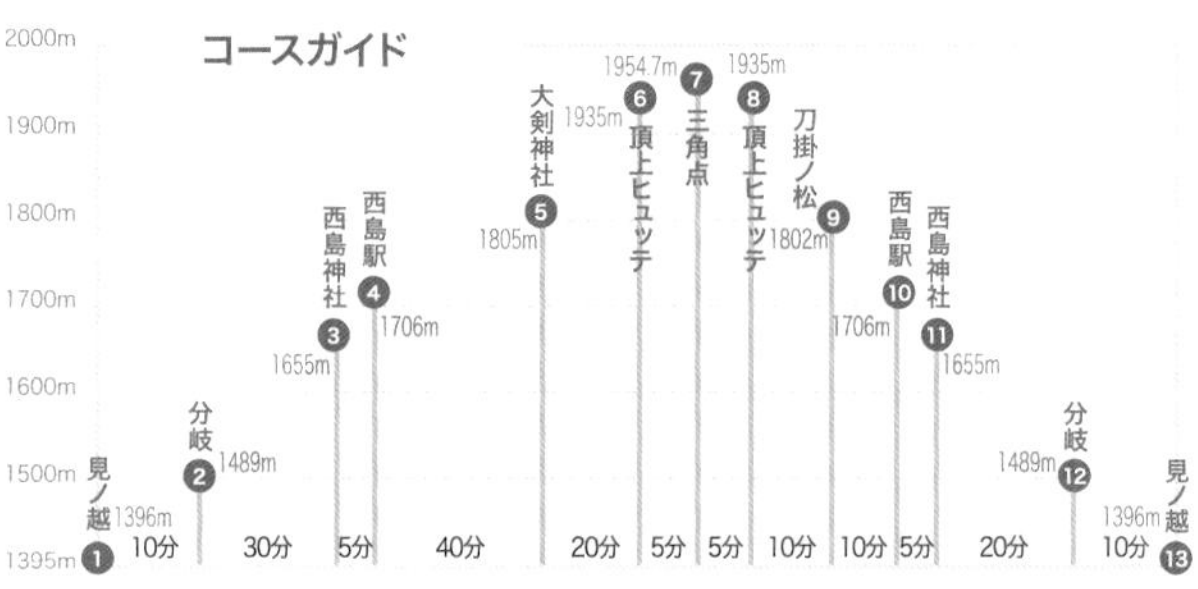
コースガイド
2000m
1900m
1800m
1700m
1600m
1500m
1395m
見ノ越 1396m
分岐 1489m
西島神社 1655m
西島駅 1706m
大剣神社 1805m
頂上ヒュッテ 1935m
三角点 1954.7m
頂上ヒュッテ 1935m
刀掛ノ松 1802m
西島駅 1706m
西島神社 1655m
分岐 1489m
見ノ越 1396m
10分
30分
5分
40分
20分
5分
5分
10分
10分
5分
20分
10分

▲日本百名山として人気、知名度ともに抜群の剣山。ここで紹介したのは最もポピュラーなルートだが、山系南側の「南つるぎエリア」も手つかずの自然が残る場所として注目を集める。しかし相対的に利用者が少なく、登山ルートが荒れていたため「南つるぎ地域活性化協議会」による「おひさんプロジェクト」という登山道整備ボランティアが行われている。

問／南つるぎ地域活性性協議会（四季美谷温泉内）

TEL0884-65-2116

ワンポイントアドバイス

▲登山リフトの開通により、剣山はより身近になった。見ノ越から西島の間830m（斜距離）、標高差330mを約15分で結んでいる。体力や計画に応じて上手に利用することも考慮したい。料金は大人片道1050円、往復1900円。4月中旬～11月末の営業。

問／徳島県三好市東祖谷見ノ越205-25

TEL0883-67-5277（剣山営業所）

▲大剣神社。御塔石と呼ばれる御神体先端部が屋根の上へと突き出している

四季の魅力
山頂周辺は高山植物の宝庫

西日本でも有数の自然の宝庫が剣山系だ。初夏から盛夏にかけては山頂周辺で高山植物が、そして秋は山麓の紅葉が楽しめる。特に高山の花としてシコクフウロ(7~8月)、キレンゲショウマ(7月下旬~8月中旬)、レイジンソウ(8月下旬~9月)などの人気が高いが、その保護には十分注意を払いたい。

▲紅葉の情報は「剣山観光推進協議会」のHPでチェックできる。www.turugisan.com

▶マイヅルソウなどの可憐な高山植物が山上を彩る

▲霧氷が木々を覆う厳しい冬

立ち寄りスポット かずら橋

登山起点の見ノ越から少々足を伸ばして「かずら橋」を訪れてはいかがだろうか？世界的にも注目されているという、シラクチかずらで編んだつり橋。かつては渓谷を渡る重要な交通ルートだった。東祖谷菅生の「奥祖谷二重かずら橋」と西祖谷山村善徳のものがある。「奥祖谷二重かずら橋」は、長さ44mの男橋と22mの女橋が並んで架かっている

●お問合せ 三好市観光案内所 TEL0883-76-0877
剣山観光登山リフト(株)本社 TEL0883-62-2772

剣山DATA

●おすすめ登山シーズン
4月～11月

●トイレ
登山口、リフト駅、頂上ヒュッテ、山頂

●駐車場
見ノ越に250台以上の駐車場有

●アクセス
徳島自動車道美馬ICより国道438号44キロ、約1時間20分。シーズン中は池田バスターミナル、穴吹駅、貞光駅より「ぐるっと剣山登山バス」運行日有

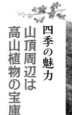

西日本最高峰の霊峰。鎖場を経て山頂へ

石鎚山《いしづちさん》

▲山頂付近の紅葉は例年10月上旬が見ごろ。休日には列をなすほどの人出も

日本
百名山

体力度
★★★★

日程
終日

歩行時間
5時間25分

歩行距離
9.6km

累計標高差
1110m

標高
1,982m

近畿以西の西日本最高峰

日本七霊山のひとつである石鎚山。「伊予三山」と称される瓶ヶ森や笹ヶ峰とともに瀬戸内海に面して東西に連なる石鎚連峰の盟主だ。

安山岩の柱状節理がそそり立ち、その険しい姿は霊峰の名にふさわしい。

▲冬季はロープウェイ成就駅周辺は石鎚スキー場となる。地元のスキーヤーやボーダーに人気のスポット

古来より修験の山として信仰されてきた神聖な場所。自然に対する畏敬の念を忘れず楽しみたい。

ロープウエイでスタート地点へ

山麓下谷駅から山頂成就駅❶まで高低差850メートルをロープウェイ利用で一気に上がる。遊歩道を進み、ジグザグ道を歩いて行くと中宮である石鎚神社成就社❷に到着。旅館も並ぶ。ここから先は昔から聖域とされていて、深い自然が今に保たれている。ブナやミズナラの大樹の中を八丁鞍部❸まで下る。この先は

▲西条市方面から望む石鎚山。四国の岳人にとってやはり特別な山だ

木段が続く。歩幅を合わせ、一歩一歩自分のペースで進んでいこう。

前社森❹で最初の鎖場が待ちうける。自信がなければ迂回することも可。度胸だめしの意味もあるそうだ。休憩所で一服し、ブナ林を抜けると夜明峠❺。アプローチが遠かった昔は、ここで夜明けを待ったとも伝わる。この辺りで石鎚山の全容が視界に開ける。

鎖場を越え 頂上の大パノラマを目指す

一ノ鎖33メートルを慎重に登る。上り用と下り用に分かれている。二ノ鎖❻からがこのコースの正念場だ。65メートル最大斜度70度。勇気を持って、三点支持を心がけ登る。続いて三ノ鎖。

登り切ると弥山頂上。石鎚頂上社❼にお参りし、天狗岳❽へ。岩陵伝いの道を慎重に進む。山頂では大パノラマが広がる。四国四県の山々、そして晴れていれば伯耆大山や阿蘇山の姿も。また初夏であれば周囲に高山植物の花々が迎えてくれるだろう。帰りは往路を下る。鎖場は迂回路を行くことをお薦めする。

▲天狗岳山頂は狭いため混雑する場合も。旅館や小屋泊まりを利用した余裕あるプランもまた楽しい

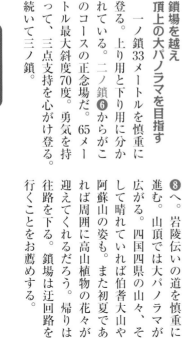

ワンポイントアドバイス

▲鎖場では緊張し恐怖心も出るだろうが、岩に身体を寄せず、むしろなるべく身体を離すのがコツだ。また、鎖に頼り切らないこと。三点支持を頭に入れ、重力に対し垂直に自分の体重が足先にかかるようにしよう。手の力だけでは登れない。脚で登る。他の人が鎖についているのに登り始めると、鎖が大きく振られて危険

▲鎖は上り用と下り用に分かれている。迂回路もあるので無理はせず

コースMAP

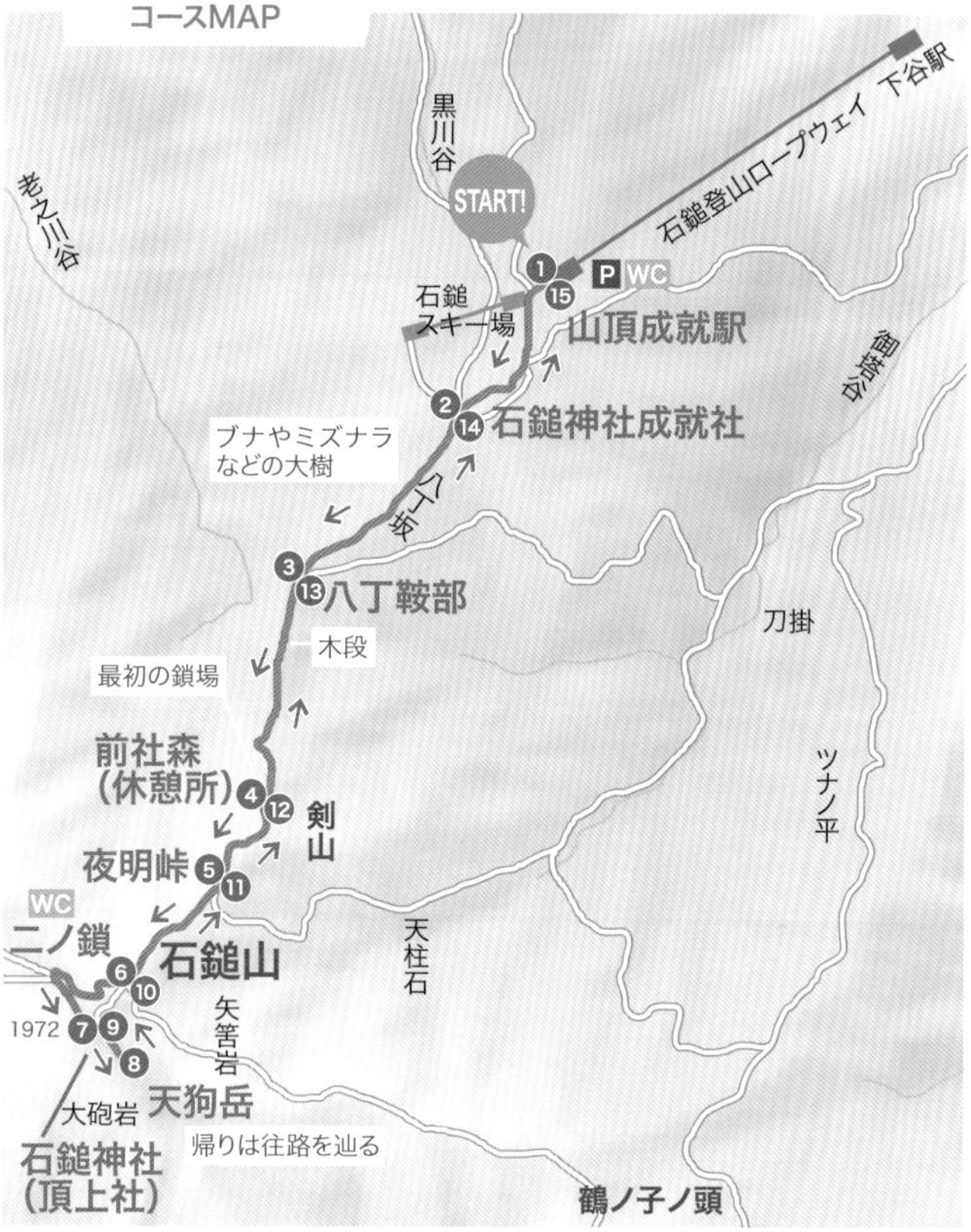
黒川谷
START!
石鎚登山ロープウェイ
下谷駅
老之川谷
P WC
石鎚スキー場
山頂成就駅
御塔谷
石鎚神社成就社
ブナやミズナラなどの大樹
八丁坂
八丁鞍部
木段
最初の鎖場
刀掛
前社森(休憩所)
剣山
ツナノ平
夜明峠
WC
二ノ鎖
石鎚山
天柱石
矢筈岩
1972
天狗岳
大砲岩
石鎚神社(頂上社)
帰りは往路を辿る
鶴ノ子ノ頭

コースガイド

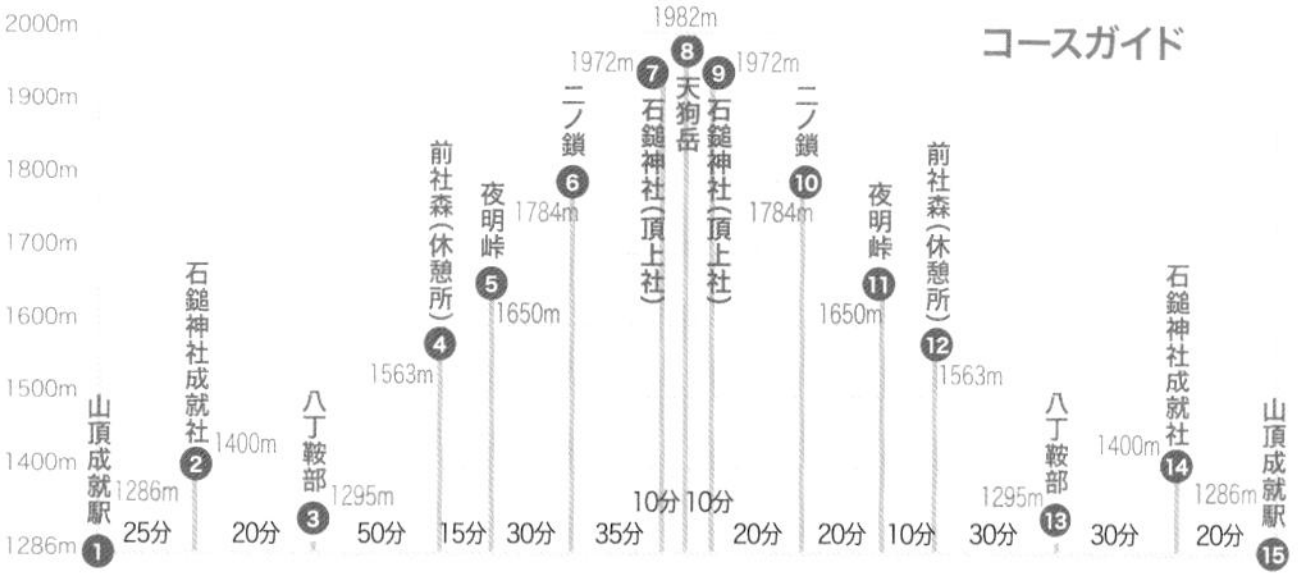
2000m
1900m
1800m
1700m
1600m
1500m
1400m
1286m
1 山頂成就駅
25分
2 石鎚神社成就社 1400m
20分
3 八丁鞍部 1295m
50分
4 前社森(休憩所) 1563m
15分
5 夜明峠 1650m
30分
6 二ノ鎖 1784m
35分
7 石鎚神社(頂上社) 1972m
10分
8 天狗岳 1982m
10分
9 石鎚神社(頂上社) 1972m
20分
10 二ノ鎖 1784m
20分
11 夜明峠 1650m
10分
12 前社森(休憩所) 1563m
30分
13 八丁鞍部 1295m
30分
14 石鎚神社成就社 1400m
20分
15 山頂成就駅 1286m

◀ロープウェイの利用によって日帰り登山が可能になり、石鎚山はぐっと身近になった。季節により運行時刻が異なる。特に最終便の確認は怠りなく

▲成就社付近は1980年の大火により焼失したが、その後再建された

◀石鎚神社夏季大祭「石鎚山お山開き」の様子

▲ブナの新緑に包まれての山歩き

▲紅葉の天狗山鼻。冬への足取りは速い

四季の魅力
7月の 石鎚神社夏季大祭

石鎚神社夏季大祭は、古くより「お山市」、「お山開き」などと呼ばれてきた。現在、7月1日から7月10日に斎行されており、その間の登拝者は、全国各地より数万人を数える。なお7月1日は現在でも「女人禁制」。山に鈴の音、ホラ貝がこだまし、白装束の登拝者で賑わう10日間だ。

立ち寄りスポット 石鎚神社 本社

JR四国予讃線の石鎚山駅近くにある石鎚神社の本社(口ノ宮)。中宮である成就社、山頂の頂上社、また石鎚スカイライン終点にある土小屋遥拝殿とこの本社を合わせて石鎚神社となる。なお頂上山荘は石鎚神社会館が運営している。例年5月～11月3日の営業。
問／愛媛県西条市西田甲797
TEL0897-55-4044／080-1998-4591(頂上山荘予約専用)

石鎚山DATA

●おすすめ登山シーズン
5月～11月
●トイレ
成就口、二ノ鎖下、頂上山荘は宿泊者のみ
●駐車場
「京屋旅館」乗用車700台収容可能、一日700円
●アクセス
松山自動車道西条ICより車で約60分。松山自動車道小松ICより車で約35分。JR伊予西条駅よりせとうちバスで約55分(本数少)

●お問合せ 西条市産業経済部観光振興課 TEL0897-52-1690
西条市観光物産協会 TEL0897-56-2605
石鎚登山ロープウェイ(株) TEL0897-59-0331
テレホンサービス TEL0897-59-0101

column 2

美味しい野外食

日本人は季節の移り変わりの中で自然と一体になり、事あるごとに生活に取り入れ精一杯楽しんできました。桜の花が咲けば家族や仲間とともに、桜の樹の下で花見宴会をおこない、春が来た喜びを大いに感謝します。各地域で自然が変化する節目に祝う祭りが行われ、その時々に採れた旬の食材でご馳走を作り、巡ってきた時節に感謝する習わしが多いのも自然賛歌の一つです。このように自然に同化し戸外で食を楽しむ行楽をしてきた日本人には、山野での飲食に特別な思いを持っている人が多いようです。

山を登りトレイルを歩くことは、普段と異なり体を動かしエネルギーを使うのでカロリーをいつもより多く摂る必要がありますが、栄養補給だけでなく、外で食べる食事の美味しさは格別です。携帯食のおにぎりを景色の良い場所に座ってゆっくりと味わったときや、ひと汗かいたあとに小鳥のさえずりを聞き樹木の香りと心地よい微風を感じながら食事を楽しむひと時は、

熱いものは熱く、冷たいものは冷たく飲めるマイボトル

山登りをした者だけの特権と言える幸せな時間です。
　小型のガスストーブを持参すれば、休息や食事の時に簡単にお湯を沸かして、お茶、コーヒーなど温かい飲み物が楽しめて、さらに至福の時になるはず。高度のある山や荒天の寒い時などには、体を温めることができるので重宝します。
　ちなみに小休止の携帯食には非常食にもなる保存性の良い、高カロリーのチョコレート、羊羹、エナジーバーなどが最適です。
　最後に水分補給について。人間には1日2リットルの水が不可欠で、食事をとりながらの飲み水も消化の助けになります。一度にたくさん飲むのでなく、歩きながらでもこまめに少量ずつ飲む方が内臓の負担が軽くなります。特に大量の汗をかいて体が体温調節を必要としているときは、早めに水分補給することで運動能力の低下を防いでくれるのです。

手軽にカロリー補給ができる各種のエナジーバー

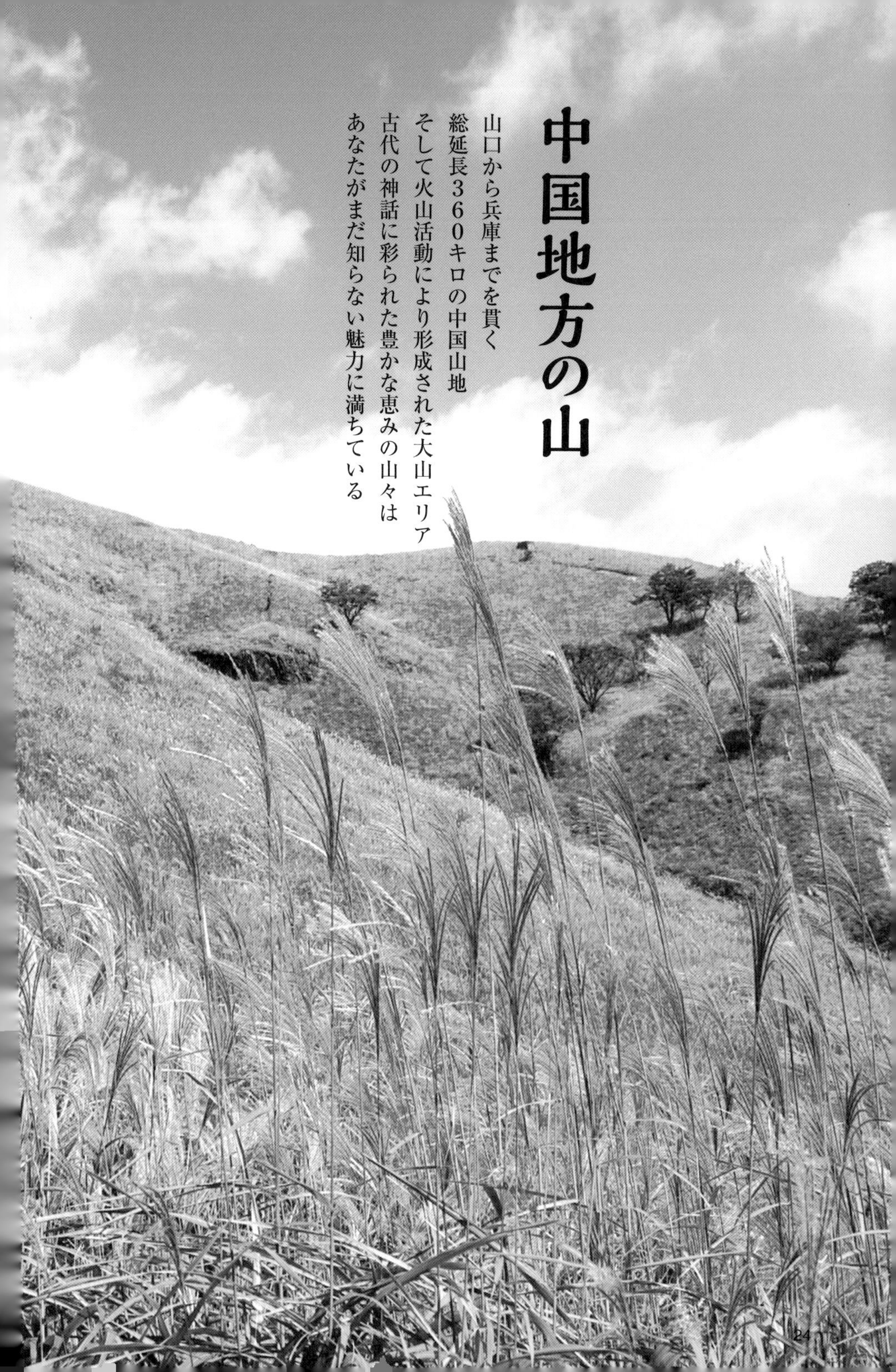

中国地方の山

山口から兵庫までを貫く
総延長３６０キロの中国山地
そして火山活動により形成された大山エリア
古代の神話に彩られた豊かな恵みの山々は
あなたがまだ知らない魅力に満ちている

中国地方 MAP

鼻高山 P80
三瓶山 P76
吾妻山 P72
船通山 P78
大山 P10
船上山 P66
三徳山 P64
久松山 P62
氷ノ山 P68
扇ノ山 P58
鳥取
島根
恐羅漢山 P30
春日山 P74
龍頭山 P44
比婆山・御陵 P38
道後山 P36
蒜山 P52
毛無山 P48
那岐山 P50
後山 P46
岡山
操山 P54
広島
深入山 P34
吉和冠山 P42
日浦山 P32
天狗岩 P28
弥山 P40
牛曳山・伊良谷山・毛無山 P26
龍護峰 P90
東鳳翩山 P86
竜王山 P88
山口
寂地山 P84
嘉納山 P82
文珠山 嵩山

県民の森公園から県境の三山を縦走

牛曳山《うしびきやま》

標高
1144m

伊良谷山《いらだにやま》

標高
1148m

毛無山《けなしやま》

標高
1143m

▲ルート沿いでは春から夏にかけて様々な草花が迎えてくれる。ギボウシの白い花

体力度
★★☆☆

日程
半日

歩行時間
3時間30分

歩行距離
7.2km

累計標高差
544m

広島県庄原市と島根県奥出雲町の境に位置しているのが、牛曳山、伊良谷山、毛無山の三山。比婆山連峰・御陵の北となる。この広島側一帯は県民の森となっており、県内随一の深いブナ原生林が広がる。

県民の森公園センター❶から後戻りする方向に約900メートルで牛曳山登山口❷。シラカバの林の中を進んでいく。秋になると周囲のカエデが色づいてくる。

やがて牛曳谷へ下り、牛曳滝から先の急登を上がっていく。尾根は広くブナが生えている。6月下旬にはミヤマヨメナも咲く。牛曳山山頂❸からは猫山や道後山が見える。

左に進み伊良谷山山頂❹へ。比婆山連峰を一望し、前方に草原の毛無山❺が。

いったん鞍部に下り広い毛無山へと登るが、山頂からは天気が良ければ伯耆大山や日本海が目に入るだろう。

ききょうが丘❻は高山植物と昆虫の宝庫。出雲峠❼には避難小屋とトイレがある。ここからは出発点へと下っていこう。

ワンポイントアドバイス

▲各山に遊歩道のルートが整備されており、体力や関心に合わせて様々なルートの選定ができる。植生も豊か。図鑑やカメラをぜひお供にしたい

コースMAP

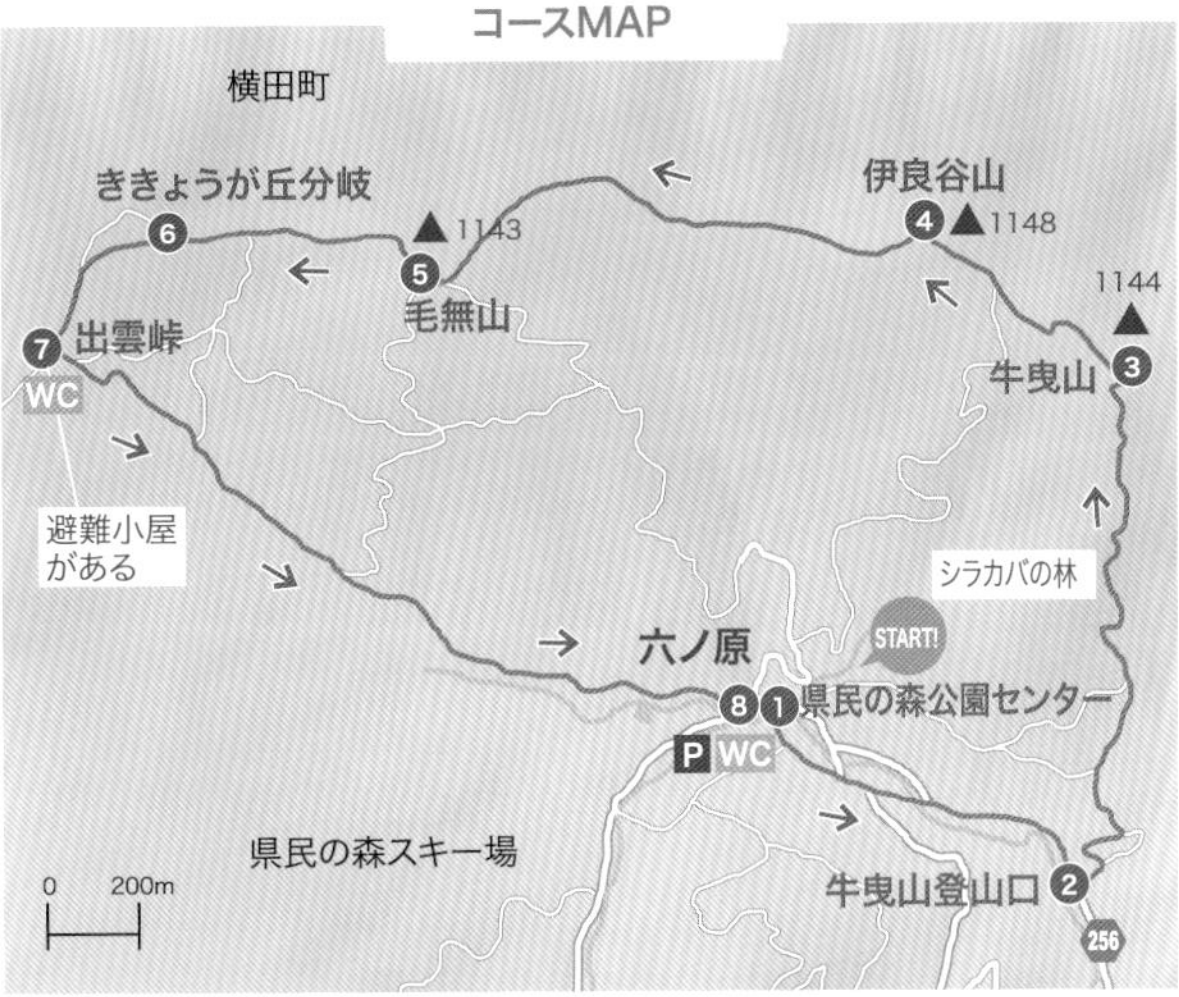
横田町
ききょうが丘分岐
6
1143
5
毛無山
伊良谷山
4
1148
1144
3
牛曳山
7
出雲峠
WC
避難小屋
がある
シラカバの林
START!
六ノ原
8
1
県民の森公園センター
P
WC
県民の森スキー場
0
200m
牛曳山登山口
2
256

コースガイド

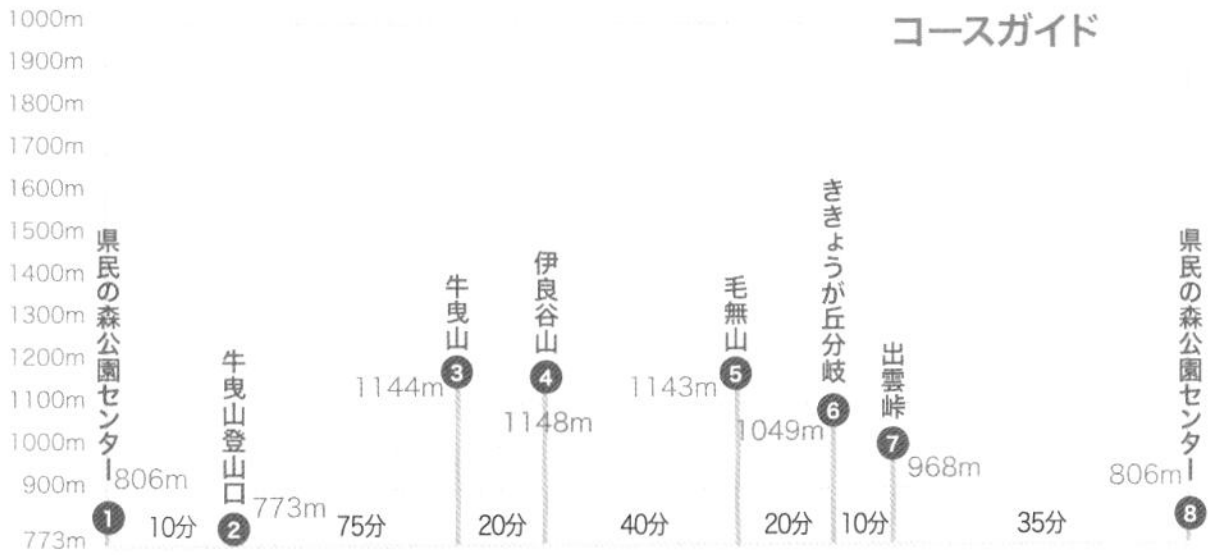
1000m
1900m
1800m
1700m
1600m
1500m
1400m
1300m
1200m
1100m
1000m
900m
773m
県民の森公園センター
806m
1
10分
牛曳山登山口
2
773m
75分
牛曳山
3
1144m
20分
伊良谷山
4
1148m
40分
毛無山
5
1143m
20分
ききょうが丘分岐
6
1049m
10分
出雲峠
7
968m
35分
県民の森公園センター
806m
8

▲牛曳山山頂からの眺め

立ち寄りスポット

▼県民の森の中にオープンしたひろしま県民の森公園センター。朝食カウンター、売店がある。冬は反対側斜面がゲレンデとなり、林間コースも

四季の魅力

▲稜線付近にも多くの昆虫が。蝶やトンボの姿を目にすることできる。
キャンプ場も整備されていて夏を中心に賑わう

三山DATA

●おすすめ登山シーズン
4月～11月
●トイレ
県民の森公園センター
避難小屋
●駐車場
県民の森の駐車場を利用
●アクセス
中国自動車道庄原IC、東城ICよりそれぞれ38km。JR備後落合駅よりタクシーで約20分

●お問合せ ひろしま県民の森 TEL0824-84-2020

撮影：増永久登

▲天狗岩より海に浮かぶ多島美(たとうび)を眺める

山を歩きながら瀬戸内海の絶景を堪能

天狗岩《てんぐいわ》

体力度
★★☆☆

日程
半日

歩行時間
3時間10分

歩行距離
5.7km

累計標高差
361m

標高
370m

「悠々健康ウオーキングのまち」をテーマに掲げている坂町は、数ルートのウォーキングコースを整備している。ここではJR坂駅よりJR小屋浦駅まで、頭部(ずぶう)ルートから天狗岩ルートを通るコースを紹介しよう。コース上には展望スポットがいくつかあり、中でも頂上の天狗岩からの眺望は絶景だ。

JR坂駅❶前南口を出て少し右へ進んだ頭部ルート登山口❷を通り、表示板に従って小道に入ると墓地が出てくる。そこを抜け、舗装された遊歩道に合流した先が、頭部みはらし公園❸だ。こちらの展望台は眼下に広がる広島湾や、似島、宮島などが見渡せる絶景スポット。トイレを済ませたら、遊歩道を南に向かおう。民家の脇の標識に従って進むと天狗岩歩道入口❹に到着。木段を登った先に展望スポットの平岩❺があり海に浮かぶ島々が眼下に広がる。少し先のせんこう頭部❻からは、東側に鉾取山塊、西側に広島市街が望める。更に進むと天狗岩❼山頂だ。景色を堪能したら階段を下り西谷遊歩道の入口❽を経てJR小屋浦駅❾へ。

ワンポイントアドバイス

▲坂駅から小屋浦駅までを縦断。標高差があるので中級から上級者向けコース。多くの絶景スポットが点在し、人々を魅了している。

▲瀬戸の島々

▲ベイサイドビーチ坂の夕日

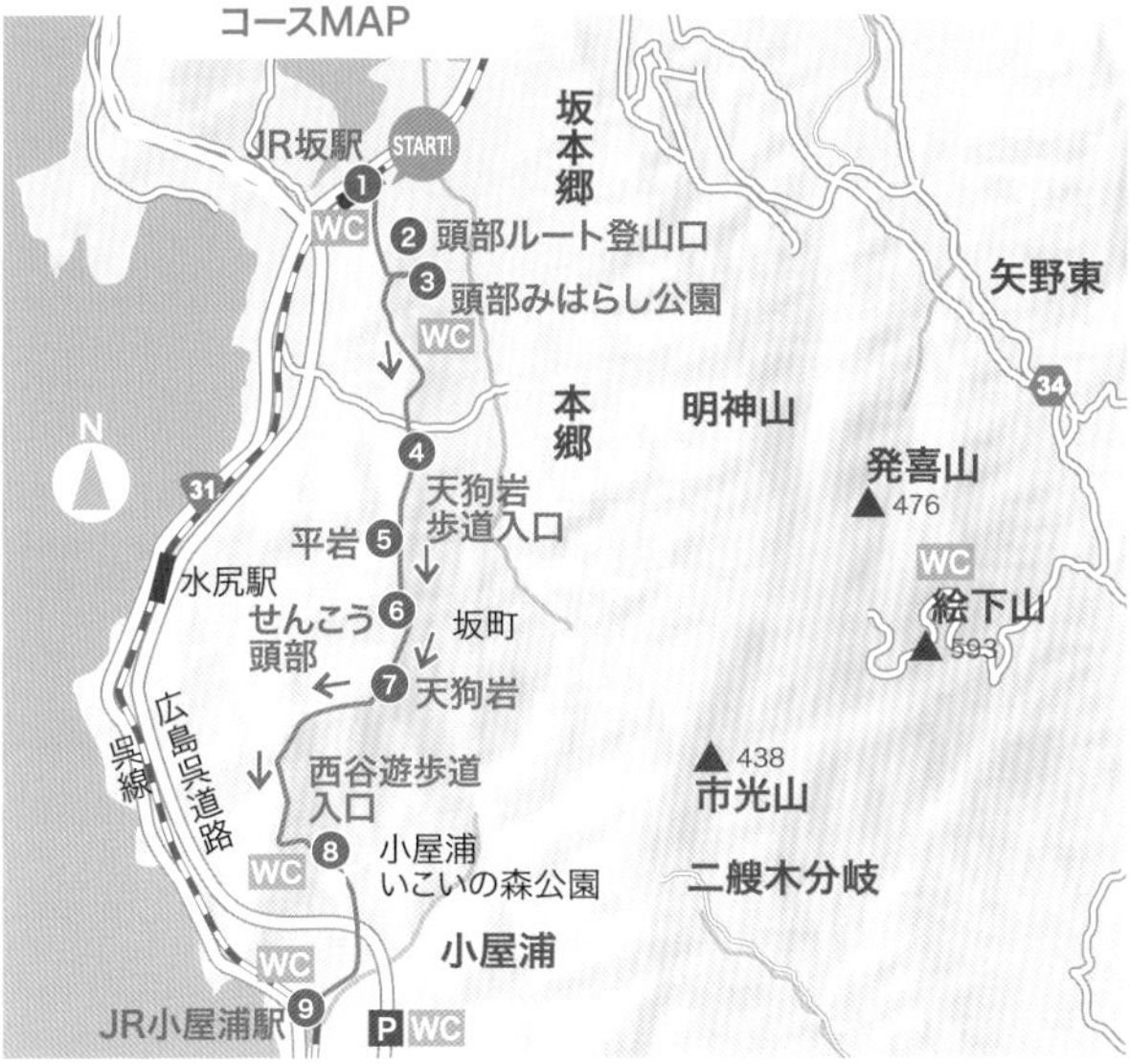
コースMAP
START!
JR坂駅
1
WC
2 頭部ルート登山口
3 頭部みはらし公園
WC
坂本郷
矢野東
34
N
本郷
明神山
4
31
天狗岩歩道入口
平岩 5
発喜山
476
水尻駅
WC
せんこう頭部 6
坂町
絵下山
593
7 天狗岩
438
市光山
呉線
広島呉道路
西谷遊歩道入口
8
小屋浦いこいの森公園
二艘木分岐
WC
小屋浦
WC
9
JR小屋浦駅
P WC

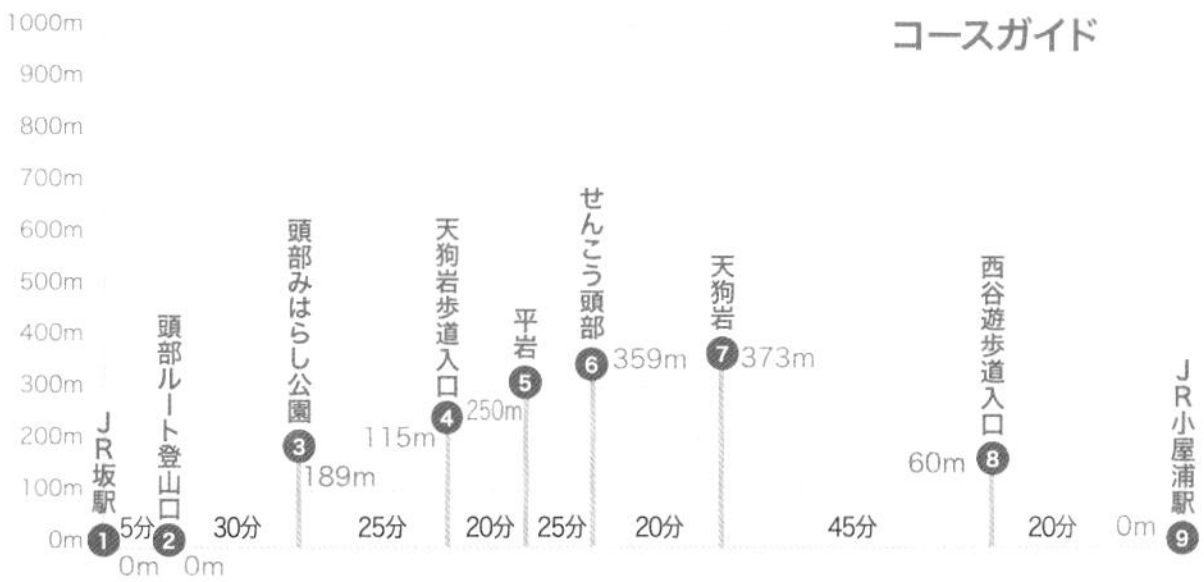
コースガイド
1000m
900m
800m
700m
600m
500m
400m
300m
200m
100m
0m
JR坂駅 1 0m
頭部ルート登山口 2 0m
5分
30分
頭部みはらし公園 3 189m
25分
天狗岩歩道入口 4 115m
20分
平岩 5 250m
25分
せんこう頭部 6 359m
20分
天狗岩 7 373m
45分
西谷遊歩道入口 8 60m
20分
JR小屋浦駅 9 0m

立ち寄りスポット

▼歩くことで健康増進を図ることを目的とした小屋浦いこいの森。瀬戸の海を一望できる頂上付近には、展望台や休憩広場、水飲み場、ベンチがある。

四季の魅力

▲四季折々の花木、竹林など、たくさんの自然と野鳥に出会える。

●**お問合せ** 坂町役場建設部産業建設課 TEL082-820-1512

天狗岩DATA

●**おすすめ登山シーズン**
10月～5月

●**トイレ**
頭部みはらし公園、小屋浦いこいの森公園

●**駐車場**
JR坂町駅に有料駐車場、小屋浦いこいの森公園に無料駐車場（台数制限有）

●**アクセス**
JR呉線坂駅より徒歩1分

▲ブナやミズナラの落葉樹林の中を歩いていく。恐羅漢のスキー場は人工降雪を行わず天然雪だけで運営されている

西中国山地の最高峰から日本海と瀬戸内海を眺める

恐羅漢山《おそらかんざん》

体力度
★★★☆

日程
半日

歩行時間
4時間

歩行距離
6.9km

累計標高差
570m

標高
1346m

広島県の安芸太田町と島根県の益田市匹見町を分ける恐羅漢山は、西中国山地の最高峰。降雪量が豊富で、冬場は広島県内では有数の規模のスキー場として、九州や中国エリアから多くのスキーヤーが訪れる。

山稜には多くのブナの原生林が見られ、林間を滑走するボーダーの姿も。夏場の登山基地としてはスキー場のある牛小屋高原付近が人気。

まず牛小屋高原レストハウスから谷沿いの樹林帯を登り、約40分で夏焼峠（なつやきのきびれ）❷に到着する。ここから左手に尾根筋を進む。右側の台所原一帯に広がるブナの原生林が見事だ。やがて稜線上もブナの樹林帯に入り、しばらく進むと立山尾根ルートとの合流点❸に着く。

ここから恐羅漢山山頂❹は10分～20分程度。頂上の岩の上からは、好天であれば日本海、瀬戸内海双方を見ることができる。ここから片道30分で旧羅漢山❺を往復しよう。帰路は立山尾根ルートを登山口❽へと下る。

ワンポイントアドバイス

▲夏焼峠から右へ稜線を進めば砥石郷山（1177m）となる。片道50分の道のり。一帯は熊の生息地なので熊よけの鈴などをザックにどうぞ

▲冬はスノーシューを履いてのトレッキングも楽しい。スキー場があるので車でアプローチが可能

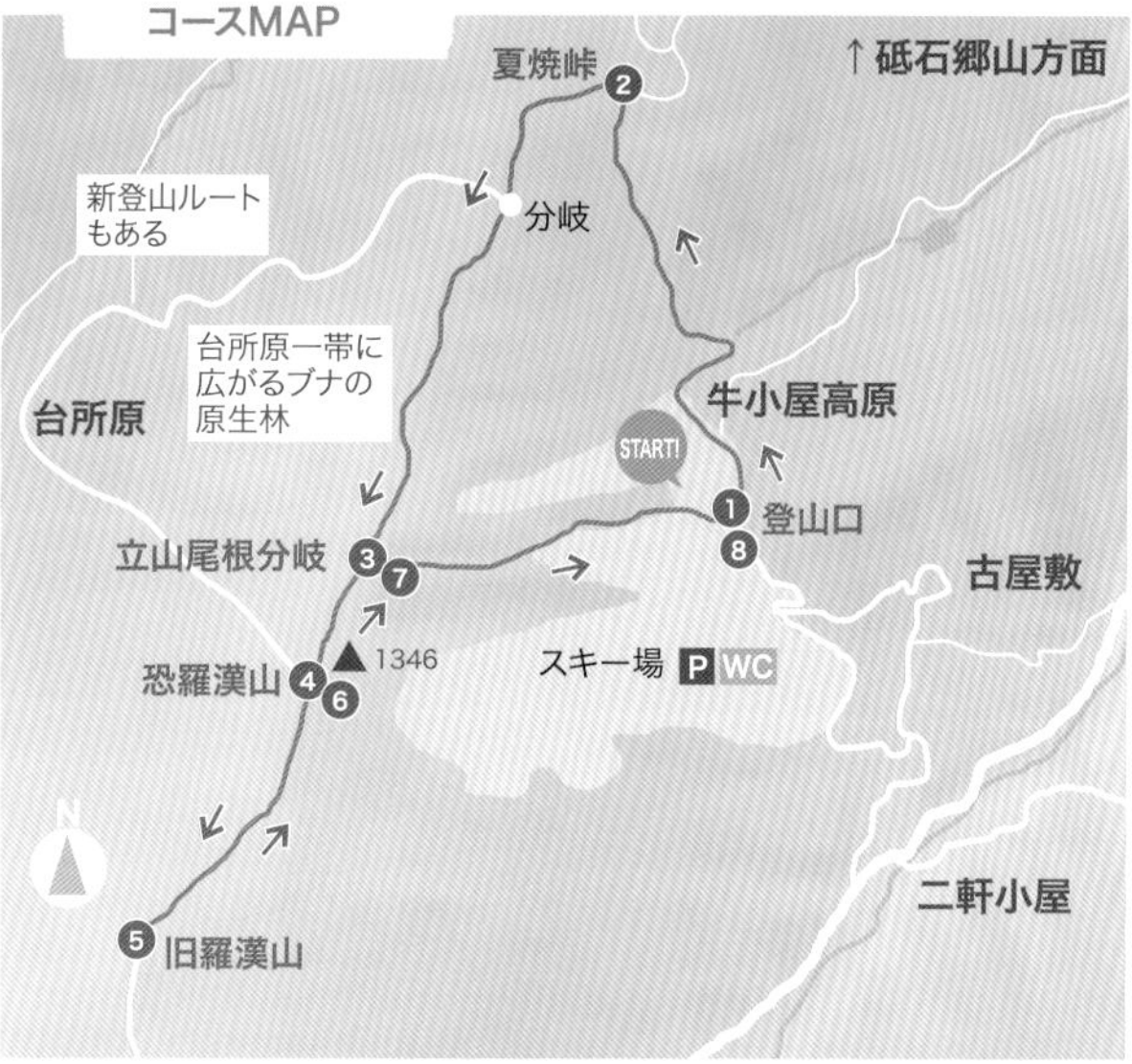
コースMAP
夏焼峠 2
↑砥石郷山方面
新登山ルートもある
分岐
台所原一帯に広がるブナの原生林
台所原
牛小屋高原
START!
1 登山口
8
立山尾根分岐 3 7
古屋敷
1346
恐羅漢山 4 6
スキー場 P WC
N
二軒小屋
5 旧羅漢山

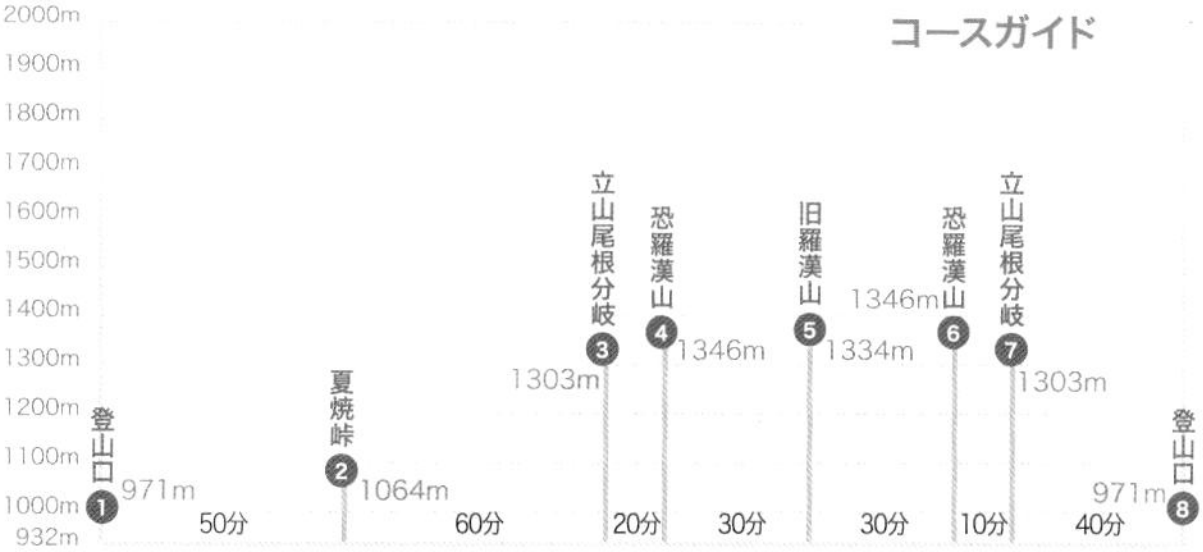
コースガイド
2000m
1900m
1800m
1700m
1600m
1500m
1400m
1300m
1200m
1100m
1000m
932m
登山口 1 971m
夏焼峠 2 1064m
立山尾根分岐 3 1303m
恐羅漢山 4 1346m
旧羅漢山 5 1334m
恐羅漢山 6 1346m
立山尾根分岐 7 1303m
登山口 8 971m
50分
60分
20分
30分
30分
10分
40分

立ち寄りスポット

▼登山口近くにあるエコロジーキャンプ場は、その名にふさわしく風力や太陽光をエネルギー源として採用している。4月中旬〜11月中旬（期間中無休）。冬季はエリアでも人気のスキー場。スノートレッキングなどのイベントも用意されている

四季の魅力

▲麓に位置する国の特別名勝三段峡は、黒淵、猿飛、二段滝、三段滝、三ツ滝の景観からなる「五大壮観」が見どころ。他にも大小様々な滝、淵などが美しい景観を作る。全て歩くと13km近くある

恐羅漢山DATA

●おすすめ登山シーズン
4月〜11月
●トイレ
恐羅漢エコロジーキャンプ場
●駐車場
周辺多数あり
●アクセス
戸河内ICから約45分。恐羅漢スキー場の案内看板に従っていく

●お問合せ （一社）地域商社あきおおた TEL0826-28-1800
恐羅漢山エコロジーキャンプ場 TEL0826-28-7270

▲瀬野川から見える日浦山。山頂からは瀬戸内の島々まで見渡せる

広島湾の島々の眺望を楽しもう

日浦山《ひのうらやま》

体力度
★☆☆☆

日程
半日

歩行時間
2時間

歩行距離
4.7km

累計標高差
341m

標高
345.9m

広島市内にも近く、登山ルートも整備されていることから、身近な山として親しまれている。日浦山の山頂からは、広島市内をはじめ広島湾に浮かぶ島々が一望でき、遠くは宮島まで眺めることもできる。

ＪＲ海田市駅❶より大師寺の入口を目指し、そこから石段を上ると大師寺❷がある。境内の日浦山遊歩道の道標にしたがって更に石段を上がって進んでいくとミニ四国八十八ヶ所霊場の石仏が見えてくる。参道から登山道へ入ると左手の鉄塔を過ぎたあたりに中間点の道標があり、そこから二ヶ所の木段を上ると岩場が現れ、その先に日浦山山頂❸が広がる。中世の城山と伝わる日浦山城跡の碑を見た後は、岩場の間を抜けて15分ほど進んで行こう。整備された展望所❹があるので、ベンチで一息ついた後は、道を少し戻ってＤルートを下っていこう。下った先にある観音免公園❺には、古墳や樹齢４００年以上と言われる県天然記念物の大クスノキがある。旧山陽道へ出たら、右へ向かってＪＲ海田市駅へ戻る。

ワンポイントアドバイス

▲頂上より海田市駅へ戻るAルートもおすすめ。地獄岩や、薬師禅寺のひまわり観音など、見どころスポットがある

コースMAP
271
茶臼山
JR
安芸中野駅
84
④展望所
日浦山
山頂
③
345.9
Dルート
Bルート
地獄岩
観音免
公園
⑤
WC
Aルート
大師寺
②
ひまわり観音
(薬師禅寺)
WC
2
JR海田市駅
①
WC
START!
東広島バイパス

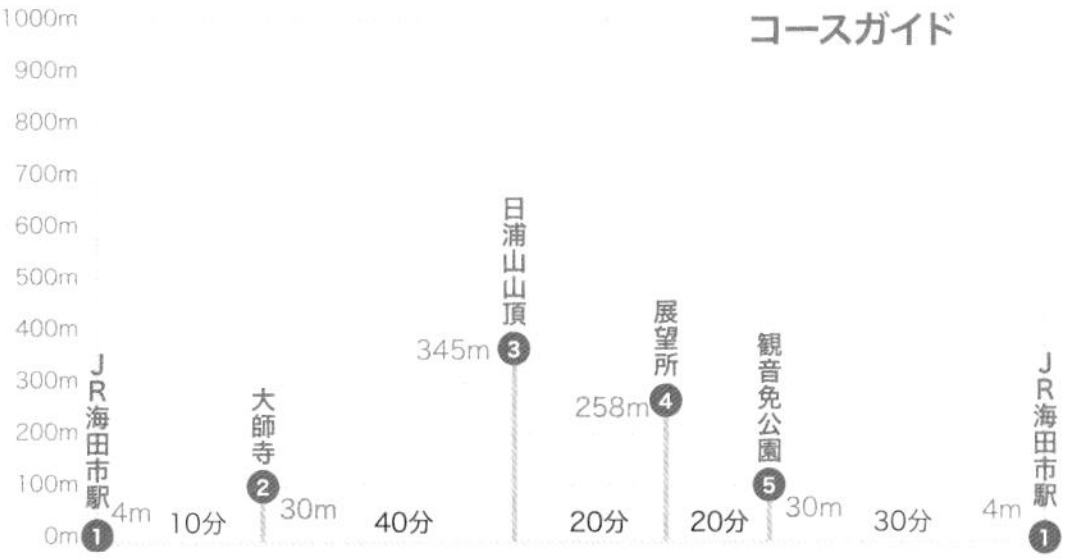
コースガイド
1000m
900m
800m
700m
600m
500m
400m
300m
200m
100m
0m
JR海田市駅 ① 4m
10分
大師寺 ② 30m
40分
日浦山山頂 ③ 345m
20分
展望所 ④ 258m
20分
観音免公園 ⑤ 30m
30分
JR海田市駅 ① 4m

▲山頂からの眺望

立ち寄りスポット

▼A、B、Dの登山ルートが用意され、日浦山頂上から下山途中のDルートを下ると、観音免公園がある。樹齢400年以上と言われる大クスノキは圧巻だ

四季の魅力

▲冬に咲くスイセン。遊歩道にはケヤキ、ヤマモモ、イロハモミジ、オオシマザクラなどが植栽されている他、ゲンカイツツジの群生もみられる

日浦山DATA

●おすすめ登山シーズン
10月〜5月

●トイレ
JR海田市駅、JR安芸中野駅

●駐車場
JR海田市駅周辺に有料駐車場

●アクセス
JR山陽・呉線海田市駅より徒歩10分

●お問合せ 海田町都市整備課 TEL082-823-9634
広島市安芸区地域起こし推進課 TEL082-821-4904

▲国道端より正面に深入山を眺める。キャンプ場や各種スポーツ施設がある

ファミリーでも登れる草原の独立峰

深入山《しんにゅうざん》

体力度
★☆☆☆

日程
半日

歩行時間
1時間45分

歩行距離
3.3km

累計標高差
387m

標高
1152m

名勝・三段峡の奥にあるドーム型の独立峰で、草原の登山道はファミリーにも人気。

途中多少急な傾斜はあるが、コースが短いので軽装備でペース配分に余裕をもって登れば子ども連れでも楽しめる山だ。東、南、西の主要な三登山口があり、どのルートもよく整備されている。

「深入山グリーンシャワー管理棟」（十一月末～四月中旬閉鎖）近くの南登山口❶から東登山口❷へ移動。15分ほどで着く。ブナの林を経て八合出合の深入山の肩❸を目指す。

木段の急坂を、右にブナ林を見ながら、一本松、一本ブナなどを眺めて登ると展望が開ける。八合出合から山頂は急登となるが、あせらずゆっくりと進もう。山頂❹は広い台地になっていて、360度の眺望が楽しめる。

下山は、まず八合目へと戻り、そこから南登山口へと下る。「グリーンシャワールート」は、美しい草原と眺望が楽しめるルートだ。

途中浮石やスリップに注意しながら降りれば35分ほどで到着。

ワンポイントアドバイス

▲林間コースを経て西尾根からのルートもお薦め。一番緩やかなコースとなる。途中西尾根休憩小屋や九合目休憩小屋、絶景が楽しめる八畳岩などがある。南登山口から左へと進み、山頂まで約70分。山頂近くにはツツジ群生探勝路も

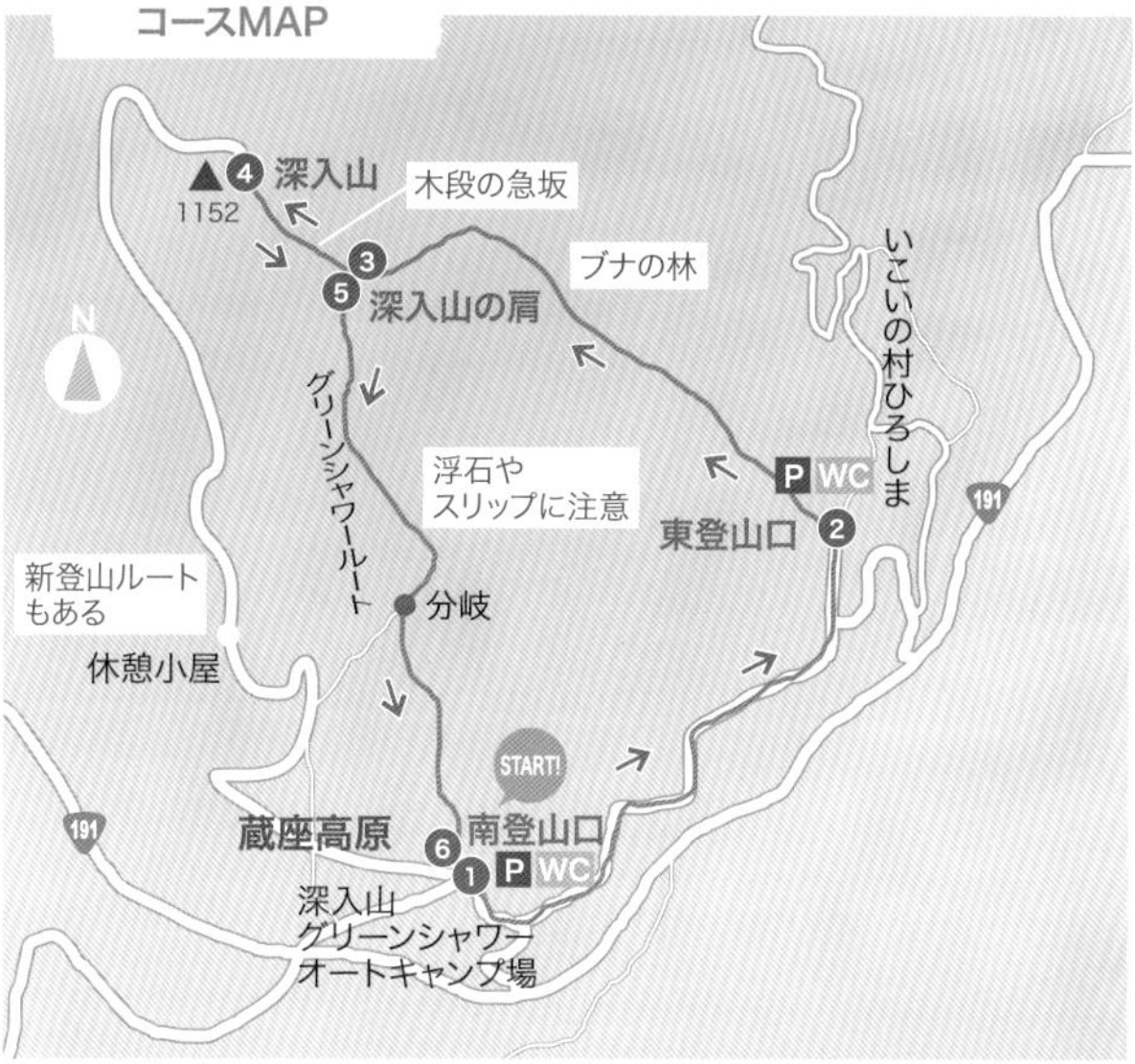
コースMAP
N
深入山
1152
木段の急坂
深入山の肩
ブナの林
いこいの村ひろしま
グリーンシャワールート
浮石やスリップに注意
P WC
東登山口
191
分岐
新登山ルートもある
休憩小屋
START!
蔵座高原
南登山口
P WC
191
深入山グリーンシャワーオートキャンプ場

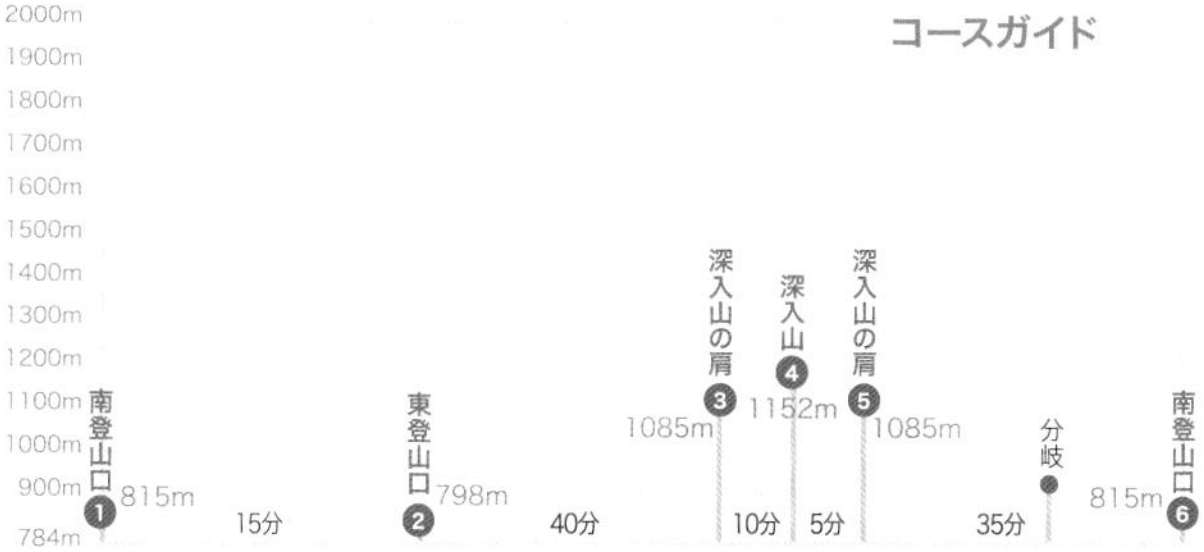
コースガイド
2000m
1900m
1800m
1700m
1600m
1500m
1400m
1300m
1200m
1100m
1000m
900m
784m
南登山口 815m
15分
東登山口 798m
40分
深入山の肩 1085m
10分
深入山 1152m
5分
深入山の肩 1085m
35分
分岐
南登山口 815m

▲たおやかな草原のトレッキングを楽しもう。体力に応じてゆっくりと

立ち寄りスポット

▼登山口近くにある宿泊・日帰り入浴施設、いこいの村ひろしま。散策の後、温泉でゆったりしよう。三段峡観光などと合わせてプランを組むのも良い。

問／広島県山県郡安芸太田町松原1-1 TEL0826-29-0011

四季の魅力

▲4月はじめに山焼きが行われる草原は、やがて若草が緑に覆う。また秋にはススキの白穂が揺れ、気温が下がるにつれて綿帽子が白く輝く

深入山DATA

●おすすめ登山シーズン
4月～11月

●トイレ
深入山グリーンシャワー管理棟

●駐車場
深入山グリーンシャワーの駐車場を利用（最大約600台）

●アクセス
中国自動車道戸河内ICより国道191号約20Km。車で約25分

東登山口
南登山口

●お問合せ （一社）地域商社あきおおた TEL0826-28-1800

▲伯耆の国と備後の国の国境となる道後山の稜線。草原と優しいシルエットの山容が登山者の心を和ませてくれる

かつては放牧もおこなわれていた草原を行く

道後山《どうごやま》

体力度
★★☆☆

日程
半日

歩行時間
2時間10分

歩行距離
6km

累計標高差
360m

標高
1268m

高山植物の宝庫として人気が高い道後山には、かつて両国牧場があった。伯耆と備後の二国をまたいでいることからこの名がついたのだろうか？たおやかな草原は見晴らしがよく、さながら空中散歩の趣がある。

月見が丘❶駐車場がスタート地点となる。まずは岩樋山を目指して登っていく。

クリ林からミズナラの林間へ。石段を登り右へ曲がるとブナの巨木があり、休憩所❷が設けられている。

ジグザグの登りを進むと草原のお花畑が広がる。岩樋山❸の山頂にはケルンが立ち、前方に道後山、左には大山、船通山、宍道湖などが見える。石塁が稜線上に続くがかつての牧場の名残だ。急坂を下り、鞍部から大池分岐❹へ。ここから大池❺を経由して道後山山頂❻を目指す。タムラソウやツリガネニンジン、アケボノソウなどを見ることができる。草原台地の一角に一等三角点の山頂がある。３６０度眺望が広がり、日本海や比婆山連峰の姿が。

稜線を大池分岐へ進み、そこからは往路を戻る。

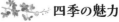

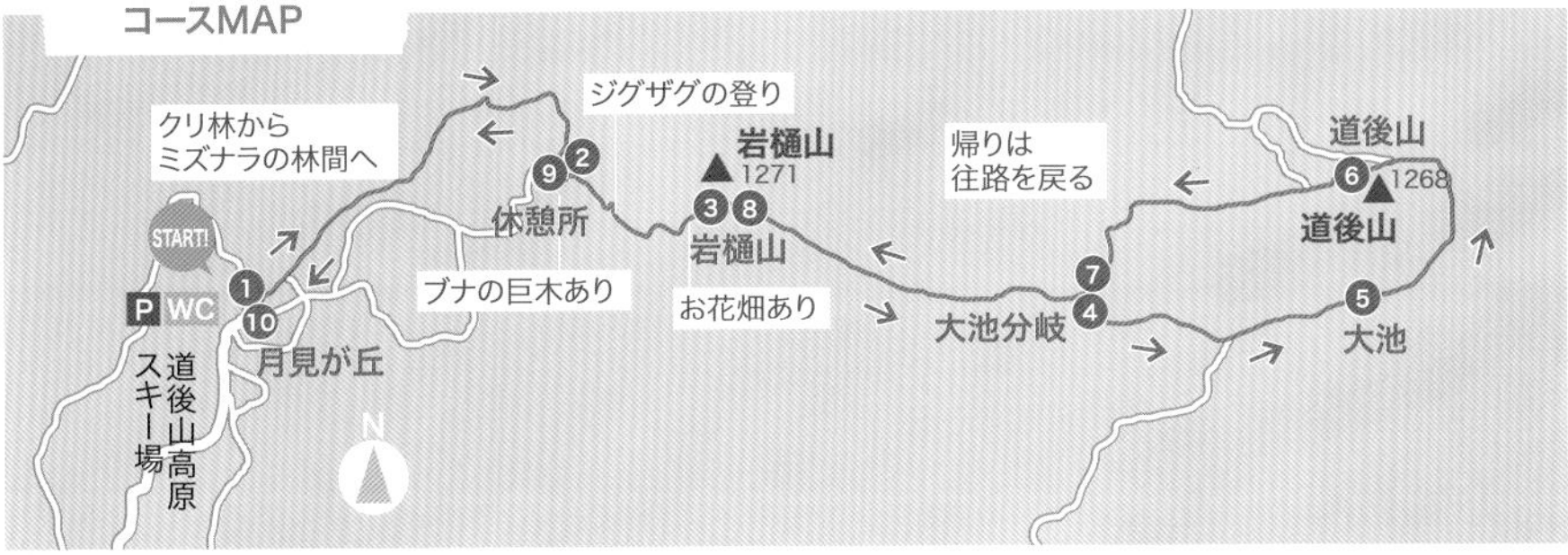
コースMAP
クリ林から
ミズナラの林間へ
ジグザグの登り
岩樋山
1271
帰りは
往路を戻る
道後山
1268
道後山
START!
休憩所
岩樋山
P
WC
ブナの巨木あり
お花畑あり
大池分岐
大池
月見が丘
道後山高原
スキー場
N

ワンポイントアドバイス

▲ヤマツツジの朱色が緑の風景の中に映える。レンゲツツジの姿も。どんな花が待っているだろうか?

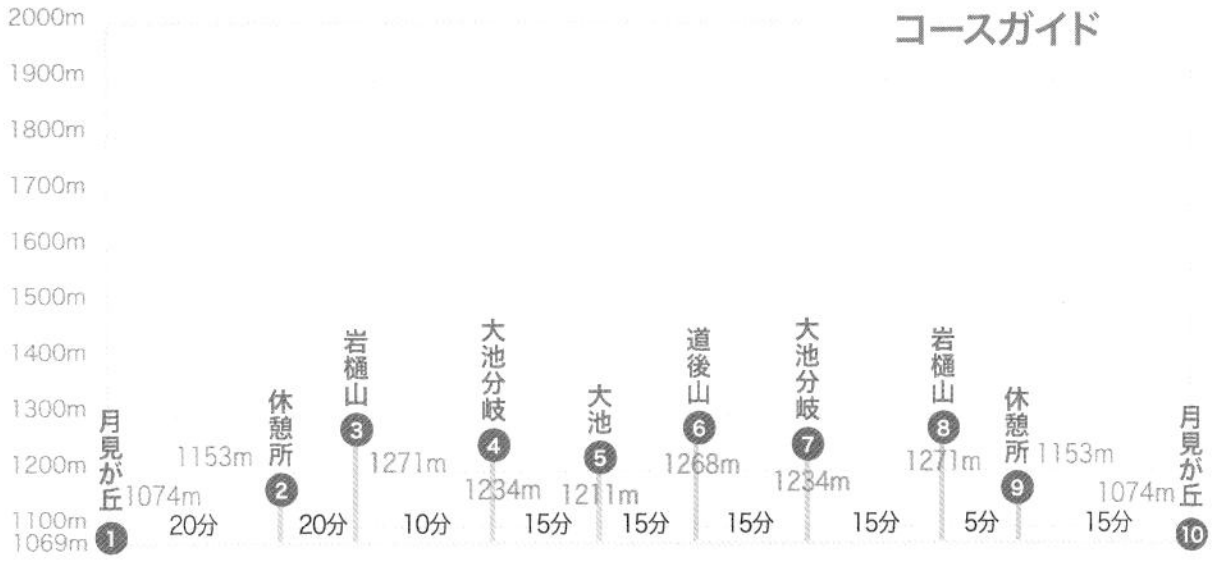
コースガイド
2000m
1900m
1800m
1700m
1600m
1500m
1400m
1300m
1200m
1100m
1069m
月見が丘
1153m
休憩所
1074m
岩樋山
1271m
大池分岐
1234m
大池
1211m
道後山
1268m
大池分岐
1234m
岩樋山
1271m
休憩所
1153m
1074m
月見が丘
20分
20分
10分
15分
15分
15分
15分
5分
15分

▶道後山山頂下の大池は、江戸時代のタタラ製鉄の鉄穴流し場のため池であったと言われている。周囲に高山植物が豊富なのでゆっくりと楽しんでみては

◀紅葉のシーズンは駐車場が満杯になることもあるのでゆとりをもった計画をたてよう

立ち寄りスポット

▼「ひば道後山高原荘」に隣接する「すずらんの湯」では日帰り入浴も可能だ。登山の汗を流してさっぱりしよう。問／広島県庄原市西城町三坂152-10
TEL0824-84-2170

四季の魅力

▲12月〜3月は積雪がある。草原の山歩きはできないが、登山口下はスキー場となり、リフト上部からは雄大な雪山の景色を楽しむことができるだろう。初夏から夏は高山の花を見ることができる

道後山DATA

●おすすめ登山シーズン
4月〜11月
●トイレ
月見が丘登山口、ゆりが丘登山口
●駐車場
月見が丘登山口に駐車場あり
●アクセス
JR芸備線・備後落合駅よりバス、タクシー利用。中国自動車道庄原ICより約1時間、東城ICより約35分

●お問合せ (一社)庄原観光推進機構 TEL0824-75-0173

▲比婆山御陵。神話とロマン、そして信仰に覆われた神秘的な場所だ

吾妻山から烏帽子山～比婆山～立烏帽子山を縦走

比婆山《ひばやま》・御陵《ごりょう》

体力度
★★★★

日程
終日

歩行時間
5時間10分

歩行距離
11km

累計標高差
929m

標高
1264m

比婆山連峰の中心に、ブナの原生林に包まれた比婆山御陵がある。古事記にも記載され、イザナミノミコトが眠る場所として古くから信仰されてきた。

旧休暇村吾妻山ロッジ❶を起点に、比婆山のブナ原生林と池ノ段の絶景を楽しもうという縦走コースだ。まず旧休暇村から吾妻山❷を目指す。40分ほどで山頂に到着。ここから横田別までは草原の大膳原を進む（P72「吾妻山」、参照）。峠（横田別）❸から烏帽子山❹への登りで徐々にブナが増えてくる。広々とした台地状の烏帽子山山頂には方位盤とベンチがある。15分ほど下り御陵❺へ。樹齢千年というイチイに囲まれた巨石の御陵がある（マイカーなどで出発点に戻らなければならない場合はここから往路を戻る）。

ブナの原生林を存分に楽しみながら池ノ段を目指そう。御原越❻からの急登を池ノ段❼へ。比婆山連峰随一の眺めを存分に楽しもう。

もうひとふんばり立烏帽子山❽を経てトイレのある駐車場❾へ。笹の尾根を県民の森公園センター⓫へ下る。

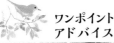

ワンポイントアドバイス

▲ブナの原生林には見事な巨木も多い。中国地方屈指のブナ原生林に包まれよう

▲比婆山御陵から少し進んだところと、御原越からも公園センターへの下りルートがある。それぞれ1時間前後で下山できる。体力と相談しながら無理の無いように山行を終えよう。峠への道は草原やススキ野原のおだやかな様相だ

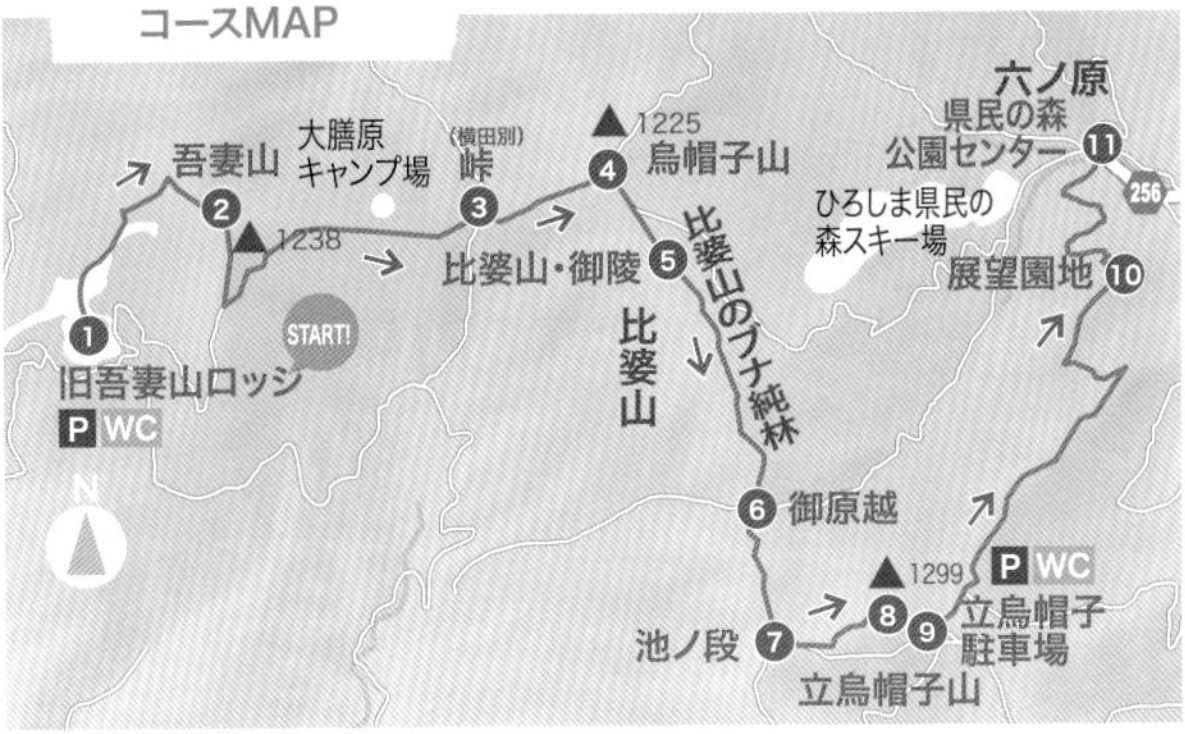
コースMAP
六ノ原
県民の森
公園センター
256
ひろしま県民の
森スキー場
展望園地
吾妻山
大膳原
キャンプ場
(横田別)
峠
1225
烏帽子山
1238
比婆山・御陵
比婆山のブナ純林
比婆山
START!
旧吾妻山ロッジ
P WC
N
御原越
1299
P WC
池ノ段
立烏帽子
駐車場
立烏帽子山

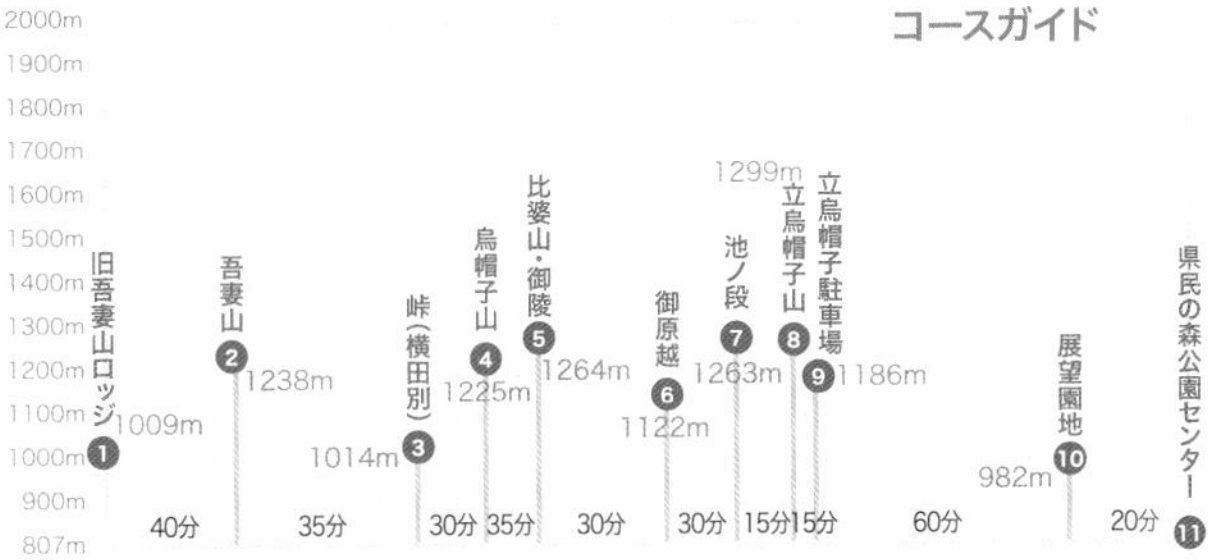
コースガイド
2000m
1900m
1800m
1700m
1600m
1500m
1400m
1300m
1200m
1100m
1000m
900m
807m
旧吾妻山ロッジ 1009m
吾妻山 1238m
峠(横田別) 1014m
烏帽子山 1225m
比婆山・御陵 1264m
御原越 1122m
池ノ段 1263m
立烏帽子山 1299m
立烏帽子駐車場 1186m
展望園地 982m
県民の森公園センター
40分
35分
30分
35分
30分
30分
15分
15分
60分
20分

◀池ノ段からの紅葉。ただただ息をのむ美しさ

▶旧吾妻山ロッジから望む吾妻山。40分ほどで山頂に着く

立ち寄りスポット

▼グリーンフィールド西城。搾りたての牛乳を使った風味のよいアイスクリームが自慢。野山で収穫した"ふきのとう"や季節の果物など多彩な種類がそろう。
問/TEL 0824-84-2711

四季の魅力

▲四季折々の美しい姿を見せる比婆山だが、やはり秋の紅葉シーズンには一度は訪れたい。 池ノ段からは360度のパノラマで比婆山、吾妻山、毛無山などを一望し、山を染める紅葉を目に映すことができる

比婆山・御陵DATA

●おすすめ登山シーズン
5月〜11月

●トイレ
吾妻山キャンプ場、大膳原キャンプ場、立烏帽子駐車場

●駐車場
吾妻山ロッジ駐車場、吾妻山キャンプ場駐車場

●アクセス
中国自動車道庄原ICより約1時間

●お問合せ ひろしま県民の森公園センター TEL0824-84-2020

▲日本三景安芸の宮島は弥山から眺めよ、との言葉がある通りの絶景が広がる

奇岩そびえる宮島頂上から瀬戸を見下ろす

弥山《みせん》

体力度
★★☆☆

日程
半日

歩行時間
3時間

歩行距離
7.2km

累計標高差
544m

標高
535m

日本三景安芸の宮島は、神の宿る島として古くから信仰の対象とされてきた。海に浮かぶように見える嚴島神社はその象徴。そしてその背後にそびえるのが弥山だ。開発から守られ、緑深い原生林が覆う。1996年には世界遺産にも指定された。麓からはロープウェイが山頂付近の獅子岩までを結ぶが、美しい渓谷を歩いて登ることができる。

まず宮島桟橋❶から嚴島神社を眺め海岸線を進む。紅葉谷公園入口❷（登山口）から登山道へ。もみじ荘茶屋前を過ぎロープウェイ乗り場を横目に登山道を進む。

登山道はやがて急な石段となり、ロープウェイ獅子岩駅からの道と合流（獅子岩分岐❸）。15分ほどで弥山本堂と霊火堂の広場に。三鬼堂、文殊堂などを過ぎ、巨岩をくぐると山頂❹だ。山頂からは瀬戸内海の展望をしばし楽しもう。

頂上からの階段を仁王門へ向けて下る。仁王門❺の十字路を右手の大聖院❻へ下る。

嚴島神社や参道に立ち寄るのもいいだろう。

来た道を桟橋へと戻る。

ワンポイントアドバイス

◀奇岩そびえる弥山頂上。瀬戸内海の展望を楽しめる

▲紹介したルートの他にも大元コースがある。小さな子ども連れなどの場合ロープウェイを利用するのも一興。問／宮島ロープウエー TEL0829-44-0316

▼弥山・三鬼堂は鬼の神を祀っている

コースMAP
43
⑦①宮島桟橋
START!
N
大鳥居
嚴島神社
②紅葉谷登山口
紅葉谷駅
⑥大聖院
白糸の滝
紅葉谷川
宮島ロープウエー
瀰山原始林
登山道は急な石段に
榧谷駅
駒ケ林
▲535
弥山
⑤仁王門
④
③獅子岩分岐
獅子岩駅

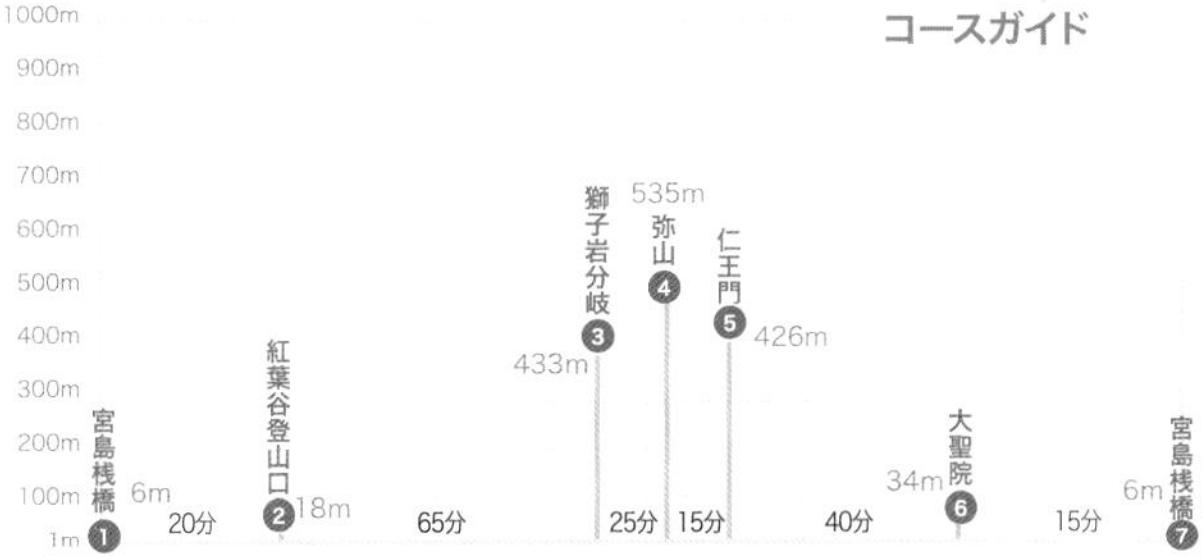
コースガイド
1000m
900m
800m
700m
600m
500m
400m
300m
200m
100m
1m
① 宮島桟橋 6m
20分
② 紅葉谷登山口 18m
65分
③ 獅子岩分岐 433m
25分
④ 弥山 535m
15分
⑤ 仁王門 426m
40分
⑥ 大聖院 34m
15分
⑦ 宮島桟橋 6m

立ち寄りスポット

▼国際的な観光地だけに土産物屋などが軒を並べる表参道商店街。瀬戸内海でとれた海の幸を使った特産品なども。宿泊施設の国民宿舎みやじま杜の宿は、10:30～17:00まで日帰り入浴が可能

四季の魅力

▲宮島と言えばやはり紅葉だろう。紅葉谷公園付近が華やかな美しさ。春から初夏にかけての瀬戸内の眺望もまた格別だ。登山道の苔むした渓谷も心地よい

弥山DATA

●おすすめ登山シーズン
1月～12月
●トイレ
紅葉谷公園、獅子岩駅、弥山本堂そば、弥山展望休憩所
●駐車場
宮島口駅周辺には有料駐車場（合計約1500台）が営業している
●アクセス
JR山陽本線宮島口駅下車。徒歩3分の桟橋から船に乗り、約10分で宮島に渡ることができる

●お問合せ （一社）宮島観光協会 TEL0829-44-2011

▲展望台から見た冠山。冠山山頂からの眺望はあまり良くないが、自然の懐に抱かれる登山道の雰囲気がとても良い

奥山の自然に浸りながら登る西中国山地の秀峰

吉和冠山《よしわかんむりやま》

体力度
★★★★

日程
終日

歩行時間
4時間30分

歩行距離
9.2km

累計標高差
652m

標高
1339m

恐羅漢山に次ぐ広島県第二位の標高を誇るのが吉和冠山だ。山頂部が冠の形をしていることが名前の由来だが、他にも冠山はいくつかある。「安芸冠山」という異名もある。

潮原温泉付近から入山する「汐谷コース」がポピュラーだが、ここでは松の木峠から尾根筋をたどるコースを紹介。

中国自動車道吉和ICから約20分で冠高原フローラパークに着く。駐車場に車を止め、近くの松の木登山口❶から尾根筋を北へと登っていく。

緩やかな上りを約30分進むと一度尾根がピークアウトして浅い鞍部へと下る。ここからは傾斜がきつくなる。

ところどころに穏やかな箇所もあるので、ブナや杉の森林の空気を味わいながらゆっくり進みたい。

展望台❷から20分ほどで分岐❸があり右へ。二つ目の分岐❹を左へ進めば山頂❺となる。展望はあまり良くないので、北側の峰崖から恐羅漢山方面を臨む。

帰りは往路を戻るか、汐谷、あるいは中津谷へ下るルートがある。

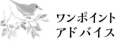

ワンポイントアドバイス

▲汐谷からのコースも渓谷の清流沿いを進むコースで人気が高い。往復4時間ほど。途中「クルソン岩」という高さ16mの奇岩がある。下山コースに選んでも良い

▲中国自動車道吉和サービスエリアから姿を望むことができる

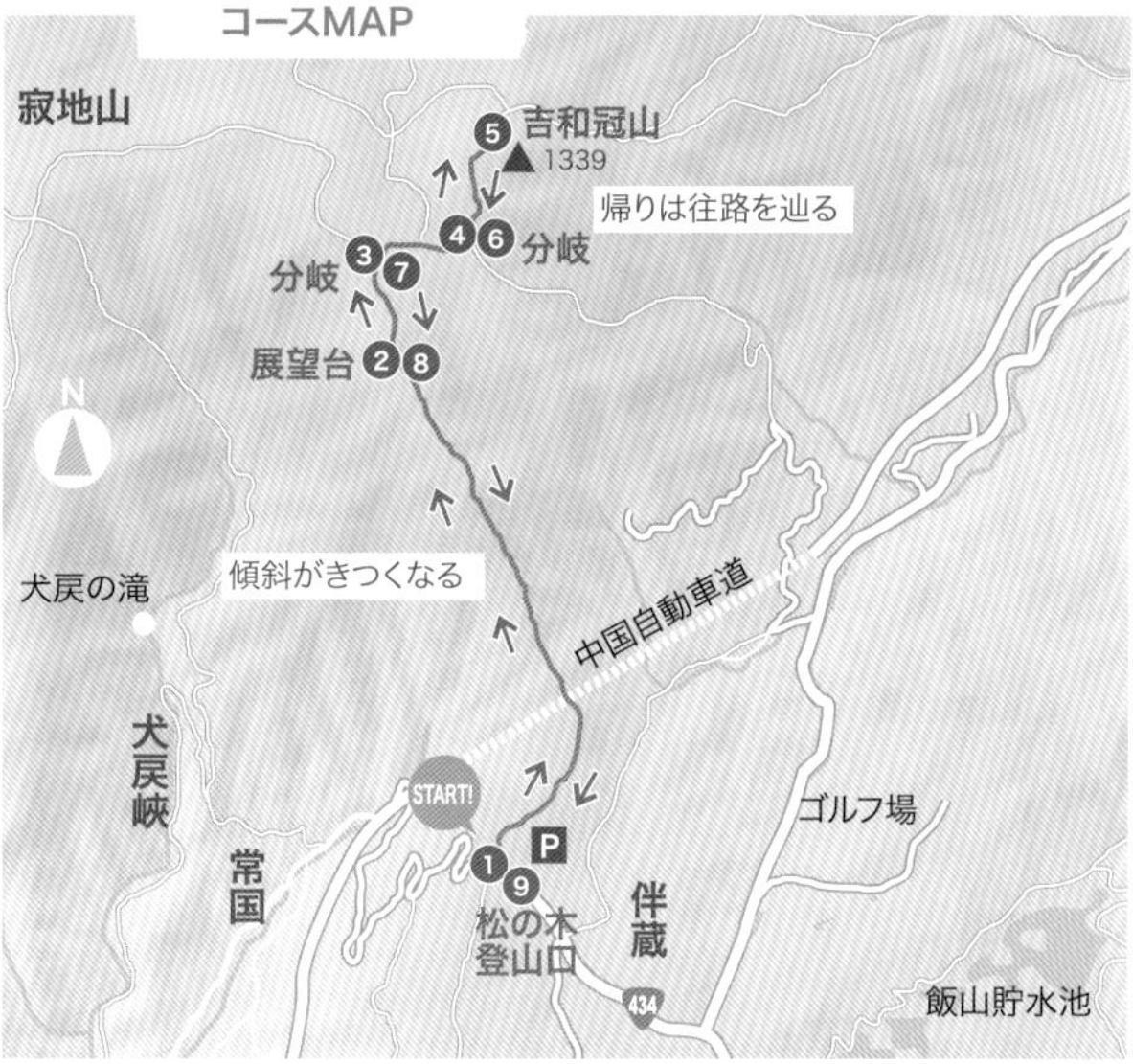
コースMAP
寂地山
吉和冠山
1339
帰りは往路を辿る
分岐
分岐
展望台
N
犬戻の滝
傾斜がきつくなる
中国自動車道
犬戻峡
START!
常国
P
松の木登山口
伴蔵
ゴルフ場
434
飯山貯水池

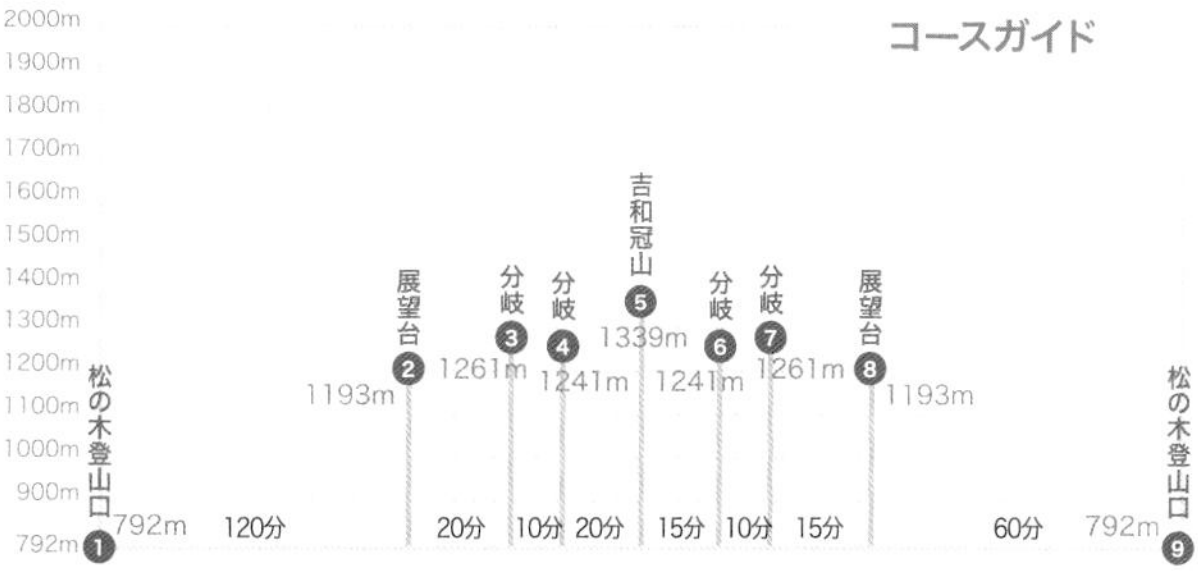
コースガイド
2000m
1900m
1800m
1700m
1600m
1500m
1400m
1300m
1200m
1100m
1000m
900m
792m
松の木登山口
792m
120分
展望台
1193m
20分
分岐
1261m
10分
分岐
1241m
20分
吉和冠山
1339m
15分
分岐
1241m
10分
分岐
1261m
15分
展望台
1193m
60分
松の木登山口
792m

立ち寄りスポット

▼廿日市市吉和支所、吉和ふれあい交流センター、吉和歴史民俗資料館が一体となった複合施設。資料館では冠遺跡からの出土品などを展示。吉和ふれあい交流センターでは、吉和地域の魅力ある情報を発信している。
問／吉和ふれあい交流センター
TEL 0829-77-2116

四季の魅力

▲新緑の季節はカタクリが多い。6月頃はサラサドウダン、オオヤマレンゲなどの花々。そして秋の紅葉と四季を通じて自然が豊かだ。全般に「深山幽谷」というイメージが当てはまる雰囲気に満ちている

吉和冠山DATA

●おすすめ登山シーズン
4月〜11月
●トイレ
松の木登山口周辺には公衆トイレはない。汐谷登山口には公衆トイレ有
●駐車場
駐車場有（冠高原フローラパークの駐車場を利用）
●アクセス
中国自動車道吉和ICより約20分

●お問合せ はつかいち観光協会吉和支部 TEL0829-77-2404
廿日市市役所吉和支所 TEL0829-77-2111

▲田園風景の中にお椀を伏せたような独立峰として美しい姿を見せる。手前は道の駅「豊平どんぐり村」

「そばの里」にそびえる独立峰

龍頭山《りゅうずやま》

体力度
★★☆☆

日程
半日

歩行時間
2時間20分

歩行距離
4.52km

累計標高差
489m

標高
928m

そばの里として知られる北広島町豊平地域。お椀を伏せたようなシルエットでそびえる独立峰が龍頭山だ。

別荘地の入口にある龍頭山駐車場❶を登山口として設定したが、「道の駅豊平どんぐり村」からは、里道を歩いて30分程度。高低差もほとんどないので体力に自信があればぜひ歩きたい。別荘地の中の坂道を上がり遊歩道の看板がある（滝見コース入口❷）。20分位で駒ヶ滝❸へ着く。ここから傾斜が増し、15分ほどで滝ヶ馬場❹駐車場広場に出る。この駐車場にトイレがある。さらに山腹を巻いて登っていく。ミズナラやイヌシデの自然林を進み、コンクリートの道になってジグザグの木段を進む。

前龍頭❺展望所からは田園風景を一望できる。少し下って木段を登り、中龍頭を経て龍頭山山頂❻へ。さえぎるもののない素晴らしい大パノラマを堪能しよう。

下山は龍頭平原別荘地への道（龍頭平原登山口❼）をとり掛札バス停❽へ。下山後は赤屋根のそば道場で腹を満たすのもいい。

ワンポイントアドバイス

▲山頂からは南に瀬戸内海や宮島、西から北にかけては、深入山、苅尾山(臥龍山)、天狗石山などの芸北の山々が一望できる。山頂直下まで林道を使い車で行くことができる。幼児や高齢者など体力のない同行者がいる場合は、駐車場から10分程度のこのコースを利用してもらえば山頂で合流できる。終点の掛札バス停からは県道を歩いて道の駅まで30分程度

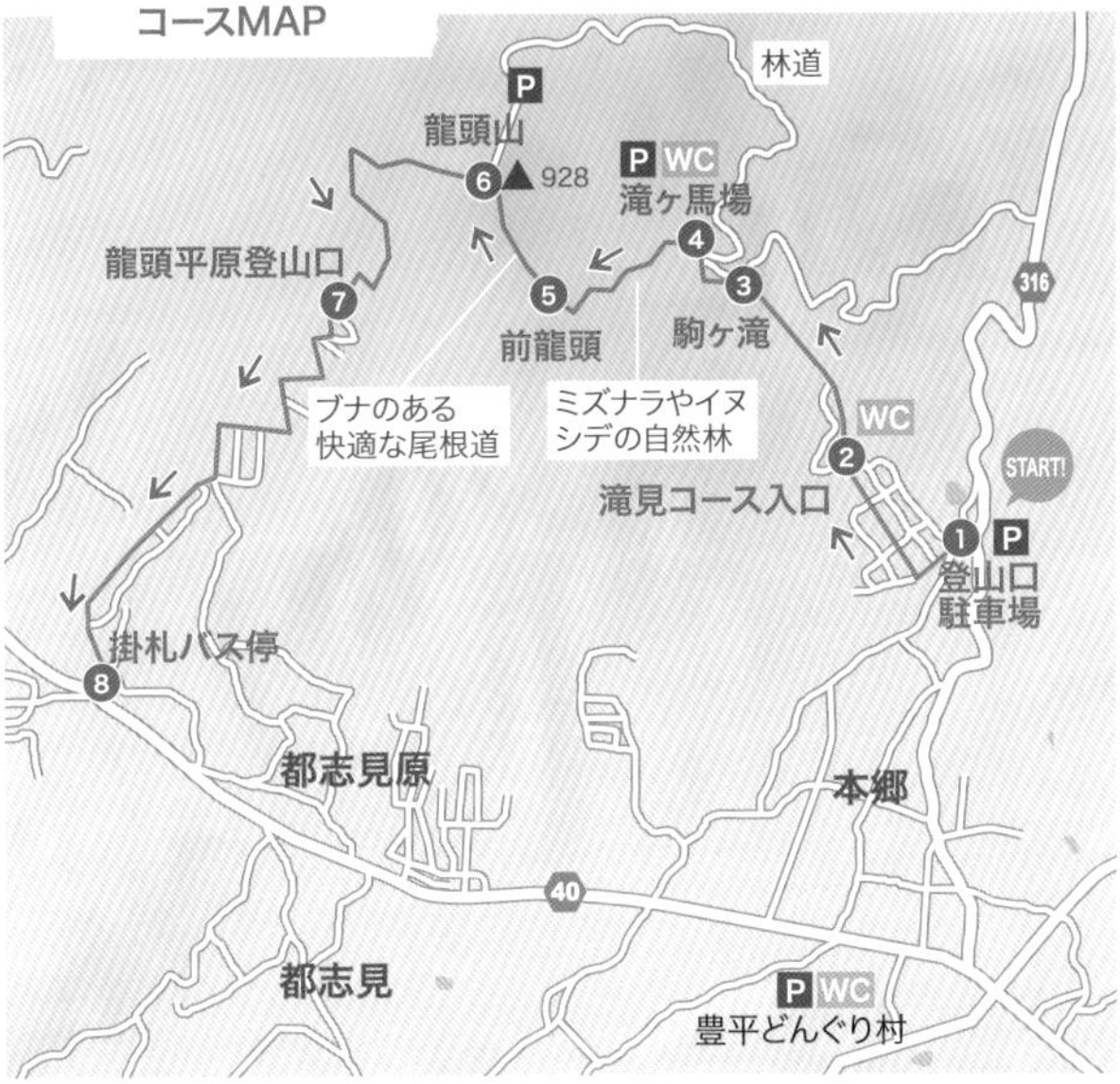

▲前龍頭の展望所。眼下にどんぐり村などが見える。展望も、田畑や民家が眼下に見え楽しい

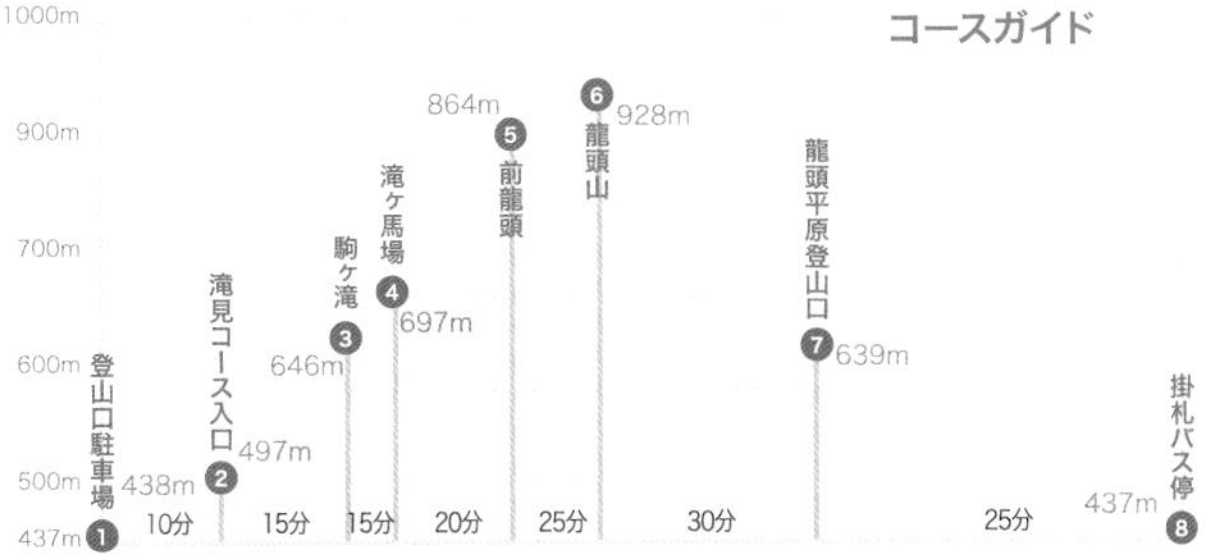

立ち寄りスポット

▼道の駅豊平どんぐり村。そば打ち体験や宿泊施設もある道の駅。駐車場(200台)は無料。レストランや産直市があるのでここを基地にするのが良いだろう。日帰り入浴も可。
問/どんぐり荘 TEL0826-84-1313

四季の魅力

▲駒ヶ滝は落差36メートル。夏でも冷気が心地よい。また滝ヶ馬場駐車場から前龍頭に至る途中に黒滝があり、冬季は氷結して美しい姿を見せることも

龍頭山DATA

●おすすめ登山シーズン
1月〜12月
●トイレ
滝見コース入口、滝ヶ馬場駐車場
●駐車場
登山口駐車場(10台ほど)
●アクセス
中国自動車道・広島北ICから国道261号経由し、主要地方道安佐豊平芸北線を芸北方面へ約15km(約20分)。広島バスセンターから琴谷行き乗車、龍頭山登山口下車

●お問合せ 北広島町役場豊平支所 産業振興係
TEL050-5812-1124

▲霊山のおもむきと神秘性を漂わせる山。奥の院付近の母護堂より先は女人結界で、女性は入山禁止の場所がある

清流のキャンプ場から岡山県最高峰へ

後山《うしろやま》

体力度
★★★★

日程
終日

歩行時間
4時間35分

歩行距離
5.2km

累計標高差
752m

標高
1344.6m

「西の大峰」と称され、古くから修験の山として信仰を集めてきた。道仙寺奥の院の周囲は女人禁制とされ、毎年9月7・8日には奥の院と護摩堂で紫燈大護摩法要が行われ、全国から一万人余りの修験者達が訪れる。

東粟倉と西粟倉を結ぶ大規模林道から後山キャンプ場を目指す。アマゴ・イワナ・カジカ・オオサンショウウオなどが生息する行者川の源流近くで、まさに清流と呼ぶにふさわしい。

キャンプ場の駐車場から少し下ったところに登山口❶がある。沢に寄り添うように登っていくと、尾根取付❷に出る。傾斜が急で、ジグザグに登っていく。やがて傾斜が緩やかになり尾根筋になる。さらに進むと県境の主稜線へ合流する。

右へ折れすぐに船木山❸の山頂となる。眺望が良い。さらに東へ稜線をたどる。後山山頂❹までは約30分。あまりアップダウンがないので快適な空中散歩だ。後山山頂には祠があり、眺望が広がる。帰途は往路を戻る。

ワンポイントアドバイス

▲船木山から左（西）へ進路をとれば、中国自然歩道の稜線を伝って鍋ヶ谷山（1253m）、駒の尾山（1280m）に至り兵庫県側のちくさ高原へと下るルートが伸びている

▲ブナの林が美しい清流を育む

▲山頂の標高は1344.6m。岡山県最高峰だ

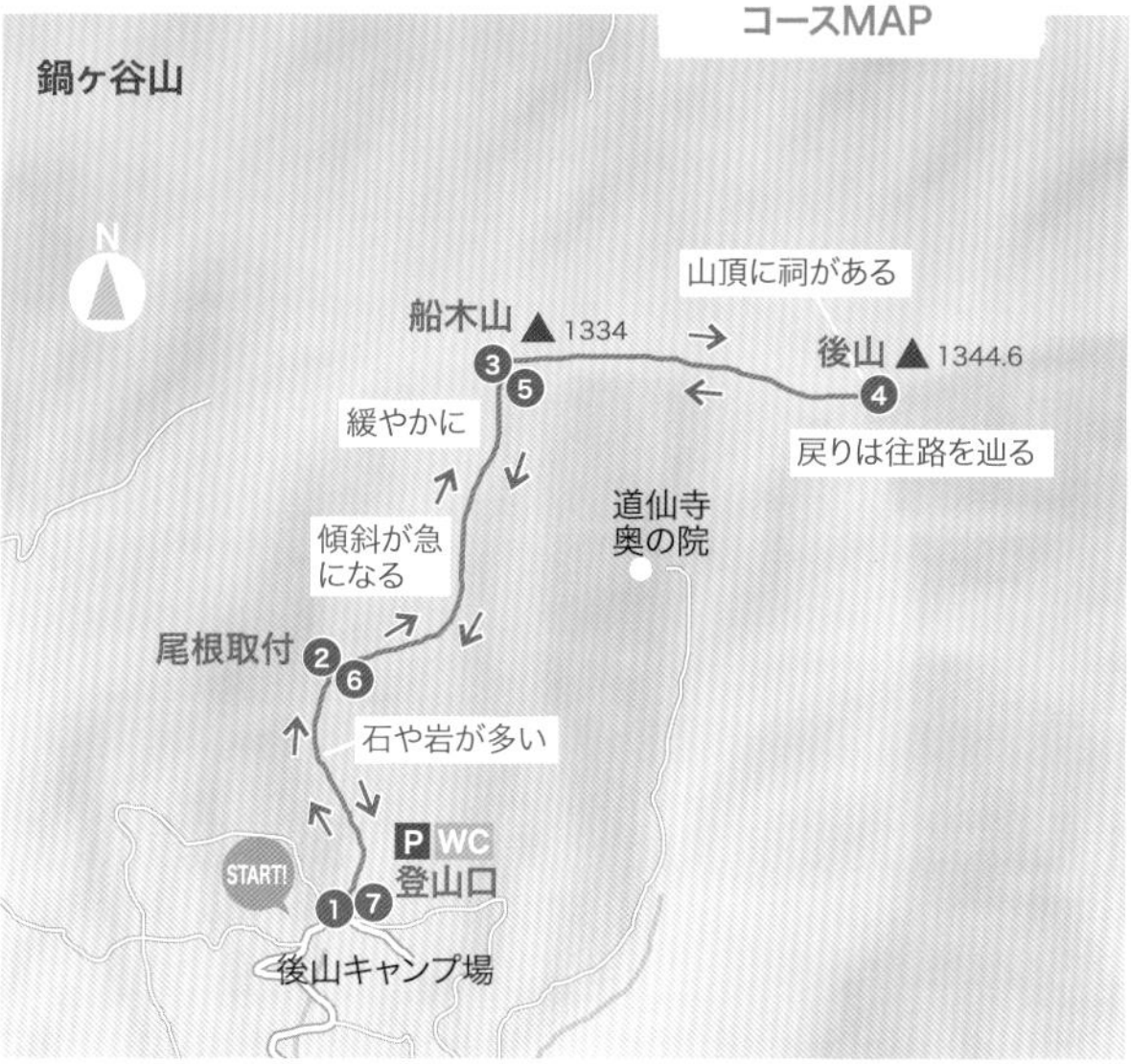
コースMAP
鍋ヶ谷山
N
山頂に祠がある
船木山 1334
後山 1344.6
戻りは往路を辿る
緩やかに
道仙寺
奥の院
傾斜が急
になる
尾根取付
石や岩が多い
P WC
START!
登山口
後山キャンプ場

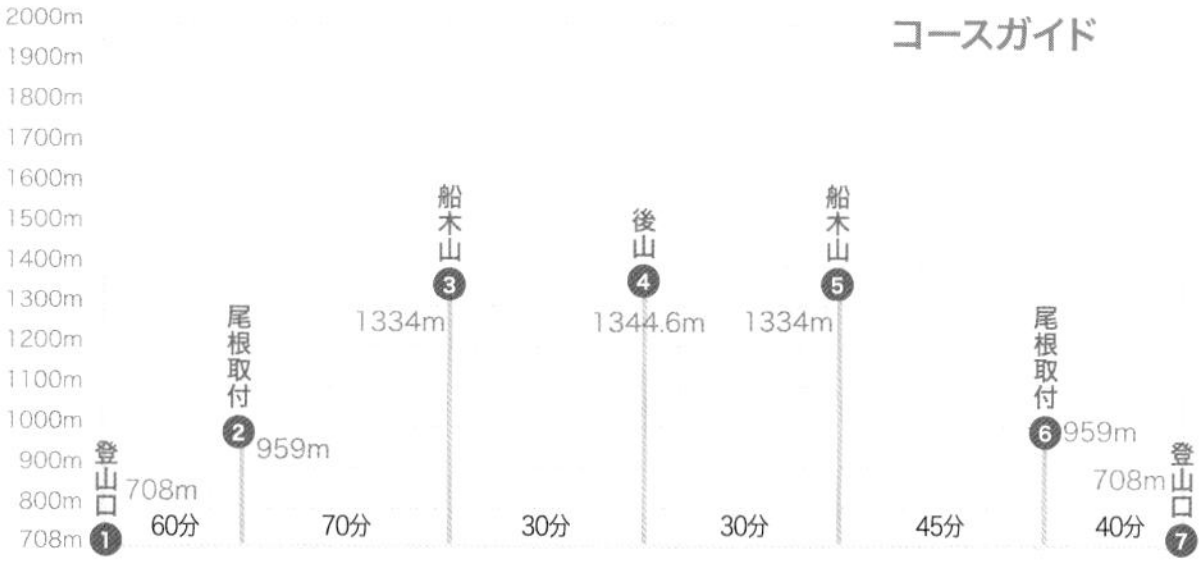
コースガイド
2000m
1900m
1800m
1700m
1600m
1500m
1400m
1300m
1200m
1100m
1000m
900m
800m
708m
登山口 708m
尾根取付 959m
船木山 1334m
後山 1344.6m
船木山 1334m
尾根取付 959m
登山口 708m
60分
70分
30分
30分
45分
40分

立ち寄りスポット

▼後山山麓の「愛の村パーク」にはコテージや売店、遊具広場、レストラン、温浴施設「ゆらりあ」があり日帰り入浴が可能。
問／岡山県美作市後山1872
TEL0868-78-0202

四季の魅力

▲中腹から山頂にかけて広がるブナの天然林は特別保護区域に指定されており、マタタビ、ウバユリ、トチバニンジンなど多くの貴重な草花が咲く。秋の紅葉も見事

●お問合せ　美作市役所 TEL0868-72-1111

後山DATA

●おすすめ登山シーズン
4月～11月
●トイレ
後山キャンプ場
●駐車場
後山キャンプ場（40台）
●アクセス
鳥取道大原ICより国道429号を経由して大規模林道でキャンプ場へ。約40分

▲ブナ、カタクリのかおる山、毛無山。平成14年3月、この地域一帯は大山隠岐国立公園に編入された

旭川源流。岡山県下最大級のブナの森林にひたる

毛無山《けなしやま》

体力度 ★★☆☆
日程 半日
歩行時間 3時間20分
歩行距離 6.7km
累計標高差 554m
標高 1219m

県下で最大の規模を誇るブナの自然林と天然林で有名。けなしがせんとも呼ばれる。「日本で最も美しい村」に登録される新庄村。田浪キャンプ場が目標となる。一番近いICは米子道・蒜山ICで県道58号を経由して約20分の道のりとなるが、中国道・落合ICからは米子方面へ50分程度。村内にはコンビニはないので、必要なものは事前に揃えておくようにしよう。

登山口にある毛無山山の家❶は土日・祝日の昼間に無料開放されている。

標識に沿って整備された登山道を登れば毛無山山頂❷まで90分。山頂からは３６０度のパノラマが楽しめる。

九合目に休憩舎がある。進路を東にとり白馬山❸（１０６０メートル）へと縦走。比較的平坦な道だ。途中カタクリの群生地がある。白馬山山頂からは谷沿いに下り約70分。

登山口近くには、森林セラピーのコースとして約２キロの「ゆりかごの小径」がある。こちらは森林セラピー協議会の「森の案内人」と同行が必要。

ワンポイントアドバイス

▲新庄村では「森林セラピー」に取り組んでおり、田浪キャンプ場の「ゆりかごの小径」、土用ダム周辺の「湖畔の小径」の２コースがある。いずれも２週間前までの予約が必要（２名以上）。森の案内人が同行する。ガイド料なども含んだ料金が必要となる

▲美しいブナの林の中をハイキング感覚で。登山道は初心者でもOKなコース

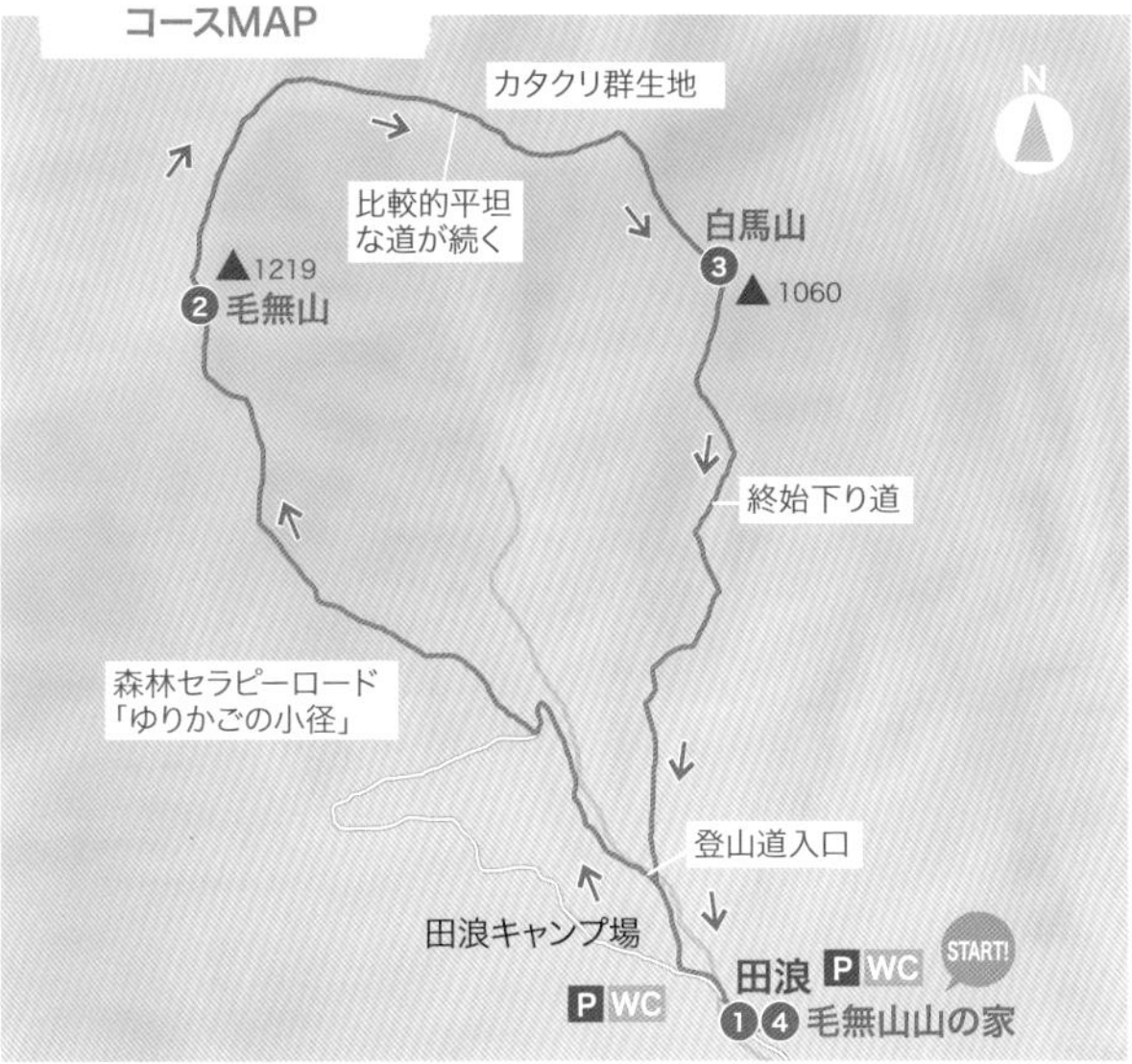
コースMAP
カタクリ群生地
N
比較的平坦
な道が続く
白馬山
3
1060
1219
2 毛無山
終始下り道
森林セラピーロード
「ゆりかごの小径」
登山道入口
田浪キャンプ場
START!
田浪
P WC
P WC
1 4 毛無山山の家

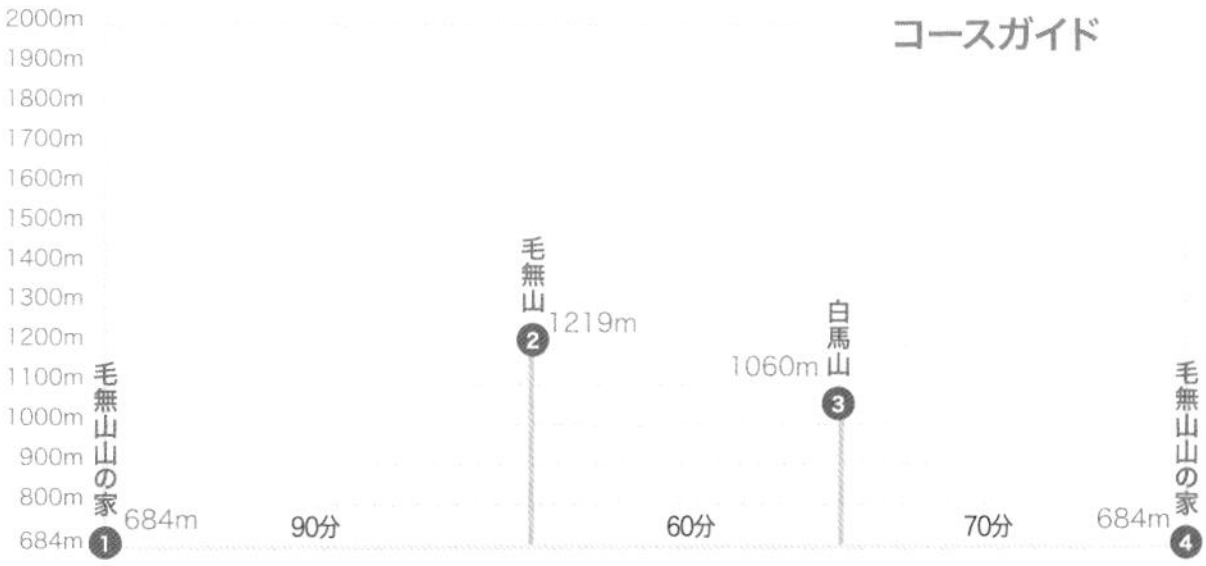
コースガイド
2000m
1900m
1800m
1700m
1600m
1500m
1400m
1300m
1200m
1100m
1000m
900m
800m
684m
毛無山山の家 1 684m
90分
毛無山 2 1219m
60分
白馬山 3 1060m
70分
毛無山山の家 4 684m

立ち寄りスポット

▼出雲街道（国道181号）沿いにある「道の駅　がいせん桜新庄宿」。新庄村村内にはコンビニがないので、こちらで必要なものを。レストランの人気メニューは「牛もち丼」

問／岡山県真庭郡新庄村2190-1
TEL0867-56-2908

がいせんざくら新庄宿

四季の魅力

▲ブナ林、自然林の紅葉は見事。水源の森として自然が保護されており、豊かな自然が美しい。山頂付近を含めカタクリの花も多い

毛無山DATA

●おすすめ登山シーズン
4月～11月

●トイレ
毛無山山の家、毛無山ビジターセンター

●駐車場
毛無山ビジターセンター（30台）

●アクセス
米子道・蒜山ICより県道58号を経由して20分。中国道・落合ICから米子方面へ50分

●お問合せ　新庄村役場 産業建設課 TEL0867-56-2628

▲那岐山国有林の中を蛇行しながら大神岩へと進む。大神岩から見える雲海の風景

岡山側山麓、奈義町の象徴

那岐山《なぎさん》

体力度
★★★☆

日程
終日

歩行時間
4時間5分

歩行距離
8km

累計標高差
786m

標高
1255m

氷ノ山後山那岐山国定公園に属し、その代表的な一座である。岡山側山麓の奈義町の象徴ともなっている山容は、秀峰と呼ぶにふさわしい。

奈義町からは菩提寺駐車場から登る「菩提寺Aコース」。第一駐車場から大神岩を経る「大神岩Cコース」、そして第一駐車場を出て蛇淵方面へ右に進路をとり、A、C双方の中間を登る「蛇淵Bコース」の三つがあるが、ここではCコースで登り、下山にBコースをとるルートを紹介しよう。

第一駐車場❶から林道を歩き、道標に従いCコースを行く。一時間ほどで大神岩❸。南には日本原高原が広がる。

森林帯を抜けると稜線に到着する。左先の鳥取県側に休憩所がありトイレも設置されている。近くに三等三角点❹がある。

北東に進めば那岐山山頂❺（１２５５メートル）。３６０度の眺望を心行くまで。稜線を北東へ進むとA・Bコース分岐❻の道標があるのでBコースを下る。谷に沿う形で下っていけばB・Cコース分岐❽に戻ってくる。

ワンポイントアドバイス

▲国造りの神、伊邪那岐命と伊邪那美命が降臨した山であることからこの名がついたという説もある。三角点峰から西へと縦走すれば滝山。片道約70分程度

▲山頂からは大展望が眼下に広がる。天気が良ければ見通しは良い

コースMAP
奈義町
6 A・Bコース分岐
5 那岐山
1255
4 三角点
WC
黒滝
7 Aコース分岐
3 大神岩
日本原高原
2 8 B・Cコース分岐
蛇淵の滝
菩提寺の
大イチョウ
八巻山
START!
1 9 第一駐車場 P WC

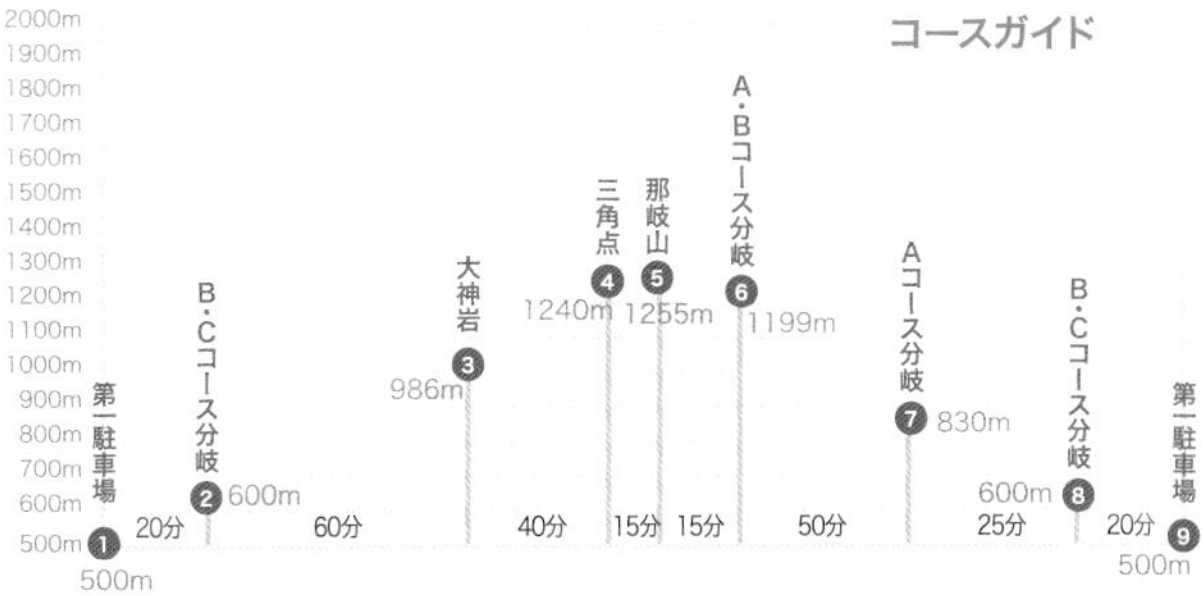
コースガイド
2000m
1900m
1800m
1700m
1600m
1500m
1400m
1300m
1200m
1100m
1000m
900m
800m
700m
600m
500m
1 第一駐車場 500m
20分
2 B・Cコース分岐 600m
60分
3 大神岩 986m
40分
4 三角点 1240m
15分
5 那岐山 1255m
15分
6 A・Bコース分岐 1199m
50分
7 Aコース分岐 830m
25分
8 B・Cコース分岐 600m
20分
9 第一駐車場 500m

立ち寄りスポット

▼なぎビカリアミュージアム。奈義町周辺は約1600万年前には海辺で、まき貝(ビカリア)を中心に動植物の化石が多数出土している。発掘された化石を保護・展示し、自然科学と親しむ施設。
問／岡山県勝田郡奈義町柿1875
TEL0868-36-3977

四季の魅力

▲菩提寺コース起点の菩提寺境内にある大イチョウ。推定樹齢900年で、法然上人が幼少時代に植えた枝が芽吹いたという伝説も伝わる。国の天然記念物に指定。秋の黄葉、そして夏の緑も美しい

那岐山DATA

●おすすめ登山シーズン
4月～11月
●トイレ
三角点峰休憩舎
●駐車場
登山口にあり(40台)
●アクセス
中国自動車道美作・津山ICより車で約20分

●お問合せ 奈義町産業振興課 TEL0868-36-4114

▲三平山から眺める蒜山の三座。左から上蒜山、中蒜山、下蒜山となる

草原にそびえる蒜山三座を縦走

蒜山《ひるぜん》

体力度 ★★★★

日程 終日

歩行時間 6時間10分

歩行距離 11km

累計標高差 752m

上蒜山《かみひるぜん》

標高 1202m

中蒜山《なかひるぜん》

標高 1123m

下蒜山《しもひるぜん》

標高 1100m

大山隠岐国立公園の一角で、南側斜面の蒜山高原は中国地方屈指のリゾート地として観光客も多く訪れる。三山を総称して「蒜山」あるいは「蒜山三座」と称する。三座がM字型に東西に連なっており、それぞれの山頂への往復が手軽だが、ここでは縦走コースを紹介しよう。

マイカーの場合旧上蒜山スキー場❶の駐車場に車を停め、百合原牧場を通って上蒜山登山口❷へと進む。最初は杉林の中の階段を上る。徐々に高度があがり、蒜山高原が見渡せるようになる。

八合目❸の槍ヶ峰は展望が良い。ここからは傾斜も緩やかになる。県境稜線に出ると、ここが標高1202メートル。最も高い場所❹となる。左へ進めば二等三角点があるが木立に覆われ展望はきかない。山頂より急坂を下り、比較的緩やかな尾根道を東へ。中蒜山山頂❺は東西に細長い平坦地で避難小屋もある。塩釜分岐❻を過ぎ、日本海の展望も楽しみながら下蒜山❽へ。雲居平❾は広場となっており、ここから下蒜山登山口❿までもうひと頑張りだ。

ワンポイントアドバイス

▲上蒜山までの登りで大きく参照タイムを超すようであれば往路を引き返そう。中蒜山からも塩釜への下山道がある。自分の体調と相談しながら無理のない山行を。下山地点の犬挟峠からスキー場まではタクシーがおすすめ

▲上蒜山(中頃)からの眺望

▲稜線ではカタクリの花を多く目にすることができる

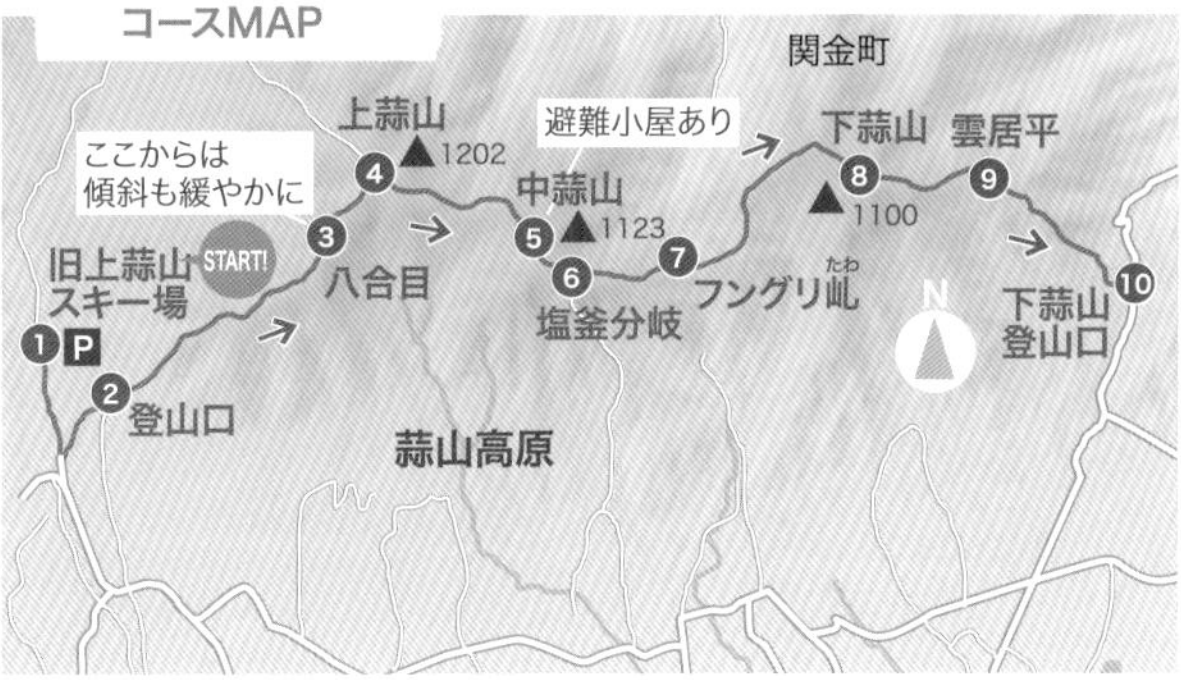

コースMAP
関金町
上蒜山
1202
避難小屋あり
下蒜山
雲居平
ここからは
傾斜も緩やかに
中蒜山
1123
1100
旧上蒜山
スキー場
START!
八合目
フングリ乢《たわ》
塩釜分岐
N
下蒜山
登山口
P
登山口
蒜山高原

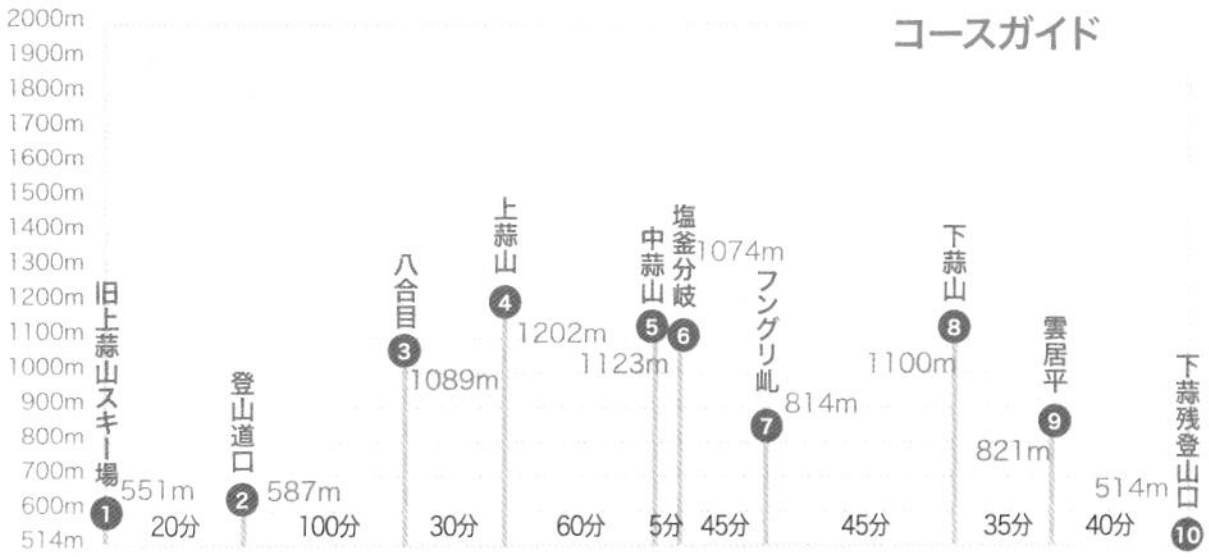

コースガイド
2000m
1900m
1800m
1700m
1600m
1500m
1400m
1300m
1200m
1100m
1000m
900m
800m
700m
600m
514m
旧上蒜山スキー場
551m
登山道口
587m
八合目
1089m
上蒜山
1202m
中蒜山
1123m
塩釜分岐
1074m
フングリ乢
814m
下蒜山
1100m
雲居平
821m
下蒜残登山口
514m
20分
100分
30分
60分
5分
45分
45分
35分
40分

◀蒜山三座の冬の風景。中国地方屈指のリゾート地として観光客も多い

立ち寄りスポット

▼米子道蒜山ICからのアクセスも良く、周辺は様々な施設がありどこへ寄るかしぼるのも大変だ。「道の駅　風の家」はIC近く、蒜山高原の入口にあり、地元で採れた野菜なども販売している。併設施設として「そばの館」がある。
問／岡山県真庭市蒜山上徳山1380-6
TEL0867-66-4393

四季の魅力

▲草原の緑、空、そしてジャージー牛の茶が絶妙のコントラストを見せる高原の夏はリゾートの最盛期だ

蒜山DATA

●おすすめ登山シーズン
4月～11月
●トイレ
登山口付近にある公衆トイレを利用。事前に済ませておくのが良い
●駐車場
旧上蒜山スキー場
●アクセス
米子自動車道蒜山ICより15分

●お問合せ　蒜山観光協会 TEL0867-66-3220
真庭市 蒜山振興局 TEL0867-66-2511

▲紅葉のシーズンは11月頃から。周囲に多くの古墳があるので、事前にパンフレットをもらってから回るのもよい

岡山市街地。史跡・古墳の里山めぐり

操山《みさおやま》

体力度
★★☆☆

日程
半日

歩行時間
3時間

歩行距離
7.2km

累計標高差
400m

標高
169m

　岡山市街地の東にあり、市民にとって身近な山だ。低山ながら庭園・後楽園の借景ともなり、貴重な里山として緑を残している。古代から人々が暮らし、山の中には130基程の古墳がある。また多くの寺院が並ぶ。江戸時代は岡山藩の直轄地で、明治以降は国有林となった。遊歩道が整備され、格好の散策、森歩きの場となっている。住宅地として開発が進む南側斜面に対し、北側は里山の風情が残る。昆虫や植物、野鳥なども多く、自然観察の場としても貴重な場所で、その中に遊歩道が整備されている。

　護国神社前バス停近くの奥市登山口❶から登ると、20分ほどで三勲神社跡❷に出る。岡山市街地の眺めが素晴らしい。

　稜線の遊歩道を歩き東へと進む。護国神社裏山古墳付近から登山口、あるいは里山センター❻の方に降りても良いが、物足りない人は笠井山❹を目指そう。途中には多くの古墳、史跡があるので、案内板やパンフレットを参考にしながら歩きたい。

ワンポイントアドバイス

▲JR岡山駅からは4km徒歩約1時間という場所にあるので、健脚の方は街歩きプランのひとつに取り入れても良いだろう。市内電車終点の東山電停からは1km強となる

▲三勲神社跡から見る後楽園。日本三大名園と言われる後楽園の借景になっているのが操山だ

▲展望所から西へ岡山市街地を臨む風景

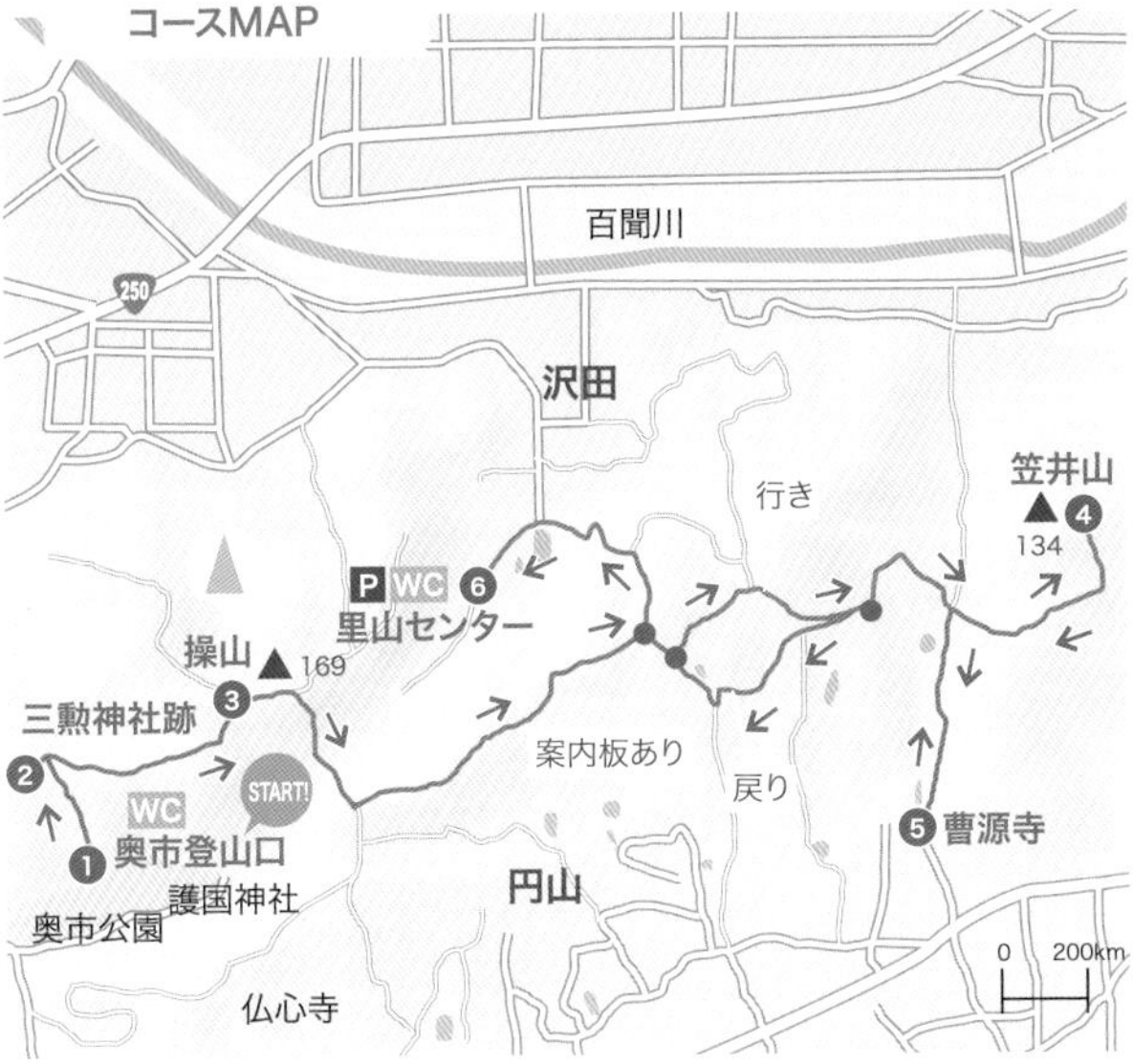
コースMAP
百聞川
250
沢田
行き
笠井山
134
P WC 6 里山センター
操山 169
3 三勲神社跡
2
START!
WC
1 奥市登山口
護国神社
奥市公園
案内板あり
戻り
5 曹源寺
円山
仏心寺
0
200km

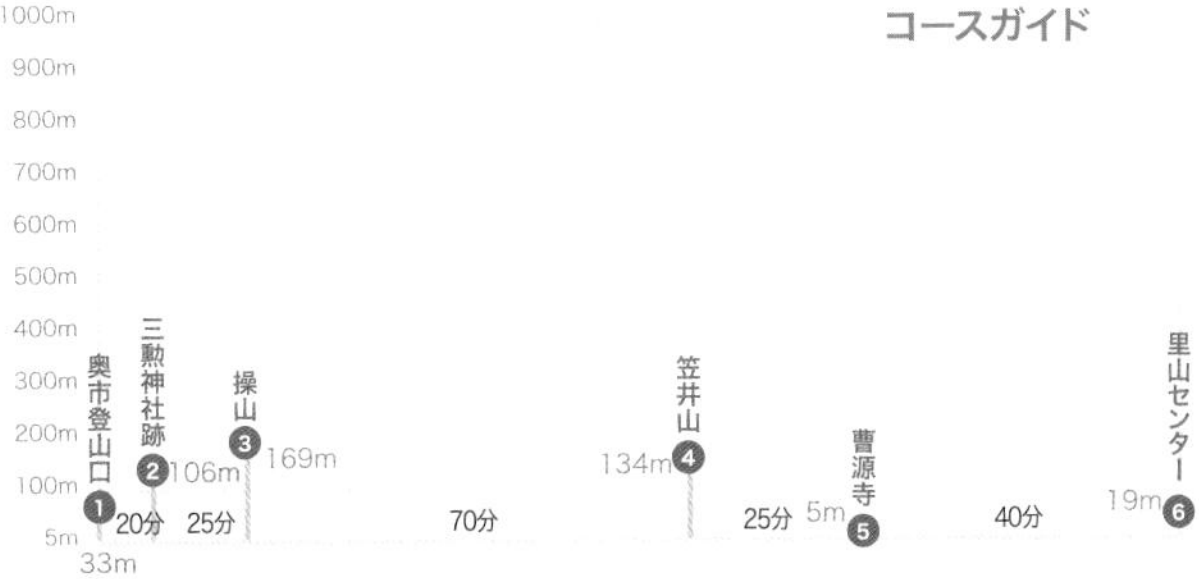
コースガイド
1000m
900m
800m
700m
600m
500m
400m
300m
200m
100m
5m
奥市登山口 1 33m
三勲神社跡 2 106m
操山 3 169m
笠井山 4 134m
曹源寺 5 5m
里山センター 6 19m
20分
25分
70分
25分
40分

立ち寄りスポット

▼里山のくらしに親しみ、学べる「操山公園里山センター」。操山に関わる情報、書物、展示スペースなどがある。初めての場合はまずここを訪れてから散策を開始するのがよいだろう。火曜日休館。
問／岡山市中区沢田649-2
TEL086-270-3308

四季の魅力

▲市街地にありながら自然が保全され、オニヤンマ、ヤマガラ、アサギマダラ…などなど多くの動植物が生息している。人と自然が交わる里山の風景がそこに見て取れる

操山DATA

●おすすめ登山シーズン
1月～12月
●トイレ
登山口(奥市公園)、里山センター、円山招福稲荷近くほか
●駐車場
里山センターに若干数
●アクセス
市内より護国神社前バス停下車

●お問合せ　操山公園里山センター　TEL086-270-3308

column

春の味覚を楽しもう

登山の大きな魅力は自然との触れ合い。景色を見て、湧き水の冷たさを感じ、鳥の声を聞いて、花の香りを嗅ぐ…。五感の最後の一つ、味覚も山は満たしてくれます。その代表格が山菜でしょう。特に春の山は山菜の宝箱。日中が長くなり気温が高くなることで木々が一斉に芽吹き山野がもえぎ色に染まりはじめると、山は彼らのステージになります。

　山菜は畑で栽培する野菜と異なり肥料も農薬とも無縁で、正に天然そのものであるのと、その季節の旬を感じて食べるので趣の深い食物だと言えます。一般なマイルドでクセが無い市販の野菜と比べると、アクも香りも強く種類ごとに味も個性的ですが、逆にそれが魅力になっています。南北に長い日本列島はそれぞれの地域別に山菜の種類も異なり、地方ごとにローカル色があって楽しめます。

　全国的によく知られている山菜は、春先に最初に芽を出すフキノトウ、用途が広いタケノコ、女王と言われるタラの芽、明るい場所に出るワラビ、香り高いウド、最近広まってきたコシアブ

収穫したての
タラの芽

ウド

ラ、清流に育つセリや山ワサビ、北国に多いゼンマイとギョウジャニンニクなどまだまだ沢山の種類があります。

　植物の中には、食べられる山菜によく似た形をした危険な毒草があります。正しい知識を持ち、山菜と確

ワラビ

タケノコ

信できる種類だけを採集することが必要です。また、夢中になりすぎて、山に深入りし道を見失ったり、崖から転落したりという事故も少なくありません。加えて、自然食ブームで山菜に興味を持っている人が増加していることもあり、地元の人たちとの間でトラブルになる例もあるようです。山菜は季節を感じることが目的ですから、大量に採るような乱獲を慎み楽しみましょう。

▲氷ノ山より遠望する扇ノ山。一帯は氷ノ山後山那岐山国定公園となっている

南北に扇のように連なる稜線と深い谷

扇ノ山《おうぎのせん》

標高
1309.9m

姫路コース	ふる里の森コース

体力度 ★★★☆	体力度 ★★★★
日程 半日	日程 終日
歩行時間 2時間	歩行時間 4時間20分
歩行距離 4km	歩行距離 8km
累計標高差 445m	累計標高差 735m

鳥取県と兵庫県をまたぐ扇ノ山は深い緑に覆われている。

扇を広げた形に似ているのが山名の由来。稜線はなだらかだが谷あいは深く、渓谷の景勝地も多い。

鳥取県からは主に三つの登山ルートがある。北の鳥取市側「水とのふれあい広場」から登る河合谷コース。西の「姫路コース登山口」から登る姫路コース。そして南の「八東ふる里の森」から登るふる里の森コース。

渓谷美が美しいふる里の森コースと、最短で登る姫路コースを紹介しよう。

▲展望所より鳥取市日本海方面を望む

▲姫路コース登山道

▲扇ノ山山頂避難小屋

【ふる里の森コース】

八東ふる里の森❶はブナの自然林の中にあり、キャンプ場が整備されている。マイカーでここまで来て駐車場に。

林道を登っていくと、林道河合谷線が分岐❷するY字路へ。ここは右手に進み、左手に登山道の標識❸が見える。ここからの山道を沢筋に沿って登る。植林が途切れブナの姿が多くなる。途中、ベンチがある休憩所❹があり、ブナの大木が何本かある。

尾根に向かって登っていくと山頂❺に出る。山頂は広場のようになっていて、木造二階建ての避難小屋が建っている。灌木がありあまり眺望が良いとは言えないが、避難小屋の二階からの眺めは良い。氷ノ山を遠望できる。

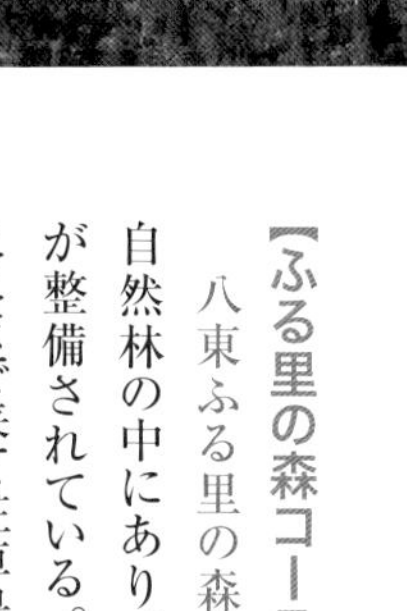

【姫路コース】

姫路コース登山口❶近くには駐車場があるので、アクセスはマイカーがお薦め。駐車場すぐの林道筋に登山口がある。案内板がありわかりやすい。

沢沿いに進んでいき、沢から離れ小道を登る。小川を渡ると杉林の中にジグザグに切られた登山道になる。だんだんと傾斜が急になり尾根道になったところで檜櫓❷に着く。尾根筋から張り出した岩で、見晴らしが良い。

急な尾根道を山頂❸へと進むと到着する。

ワンポイントアドバイス

▲八東ふる里の森は、全国的にも珍しいブナ林に囲まれたレクリエーション施設。バンガローやキャンプ場・遊歩道など、アウトドア施設が充実している。登山基地に良い。4月下旬から11月まで営業。

問／鳥取県八頭郡八頭町妻鹿野1572
●八東ふる里の森
TEL0858-84-3799(4/29～11/30)
12～4月下旬冬季閉園

▲安徳の里姫路公園は五輪塔群がある八頭町姫路集落に平成8年に完成した総合アウトドア施設。12～4月下旬冬季閉園
TEL050-5443-5190(代表)
●私都荘(4/29～11/30)
TEL0858-74-0302

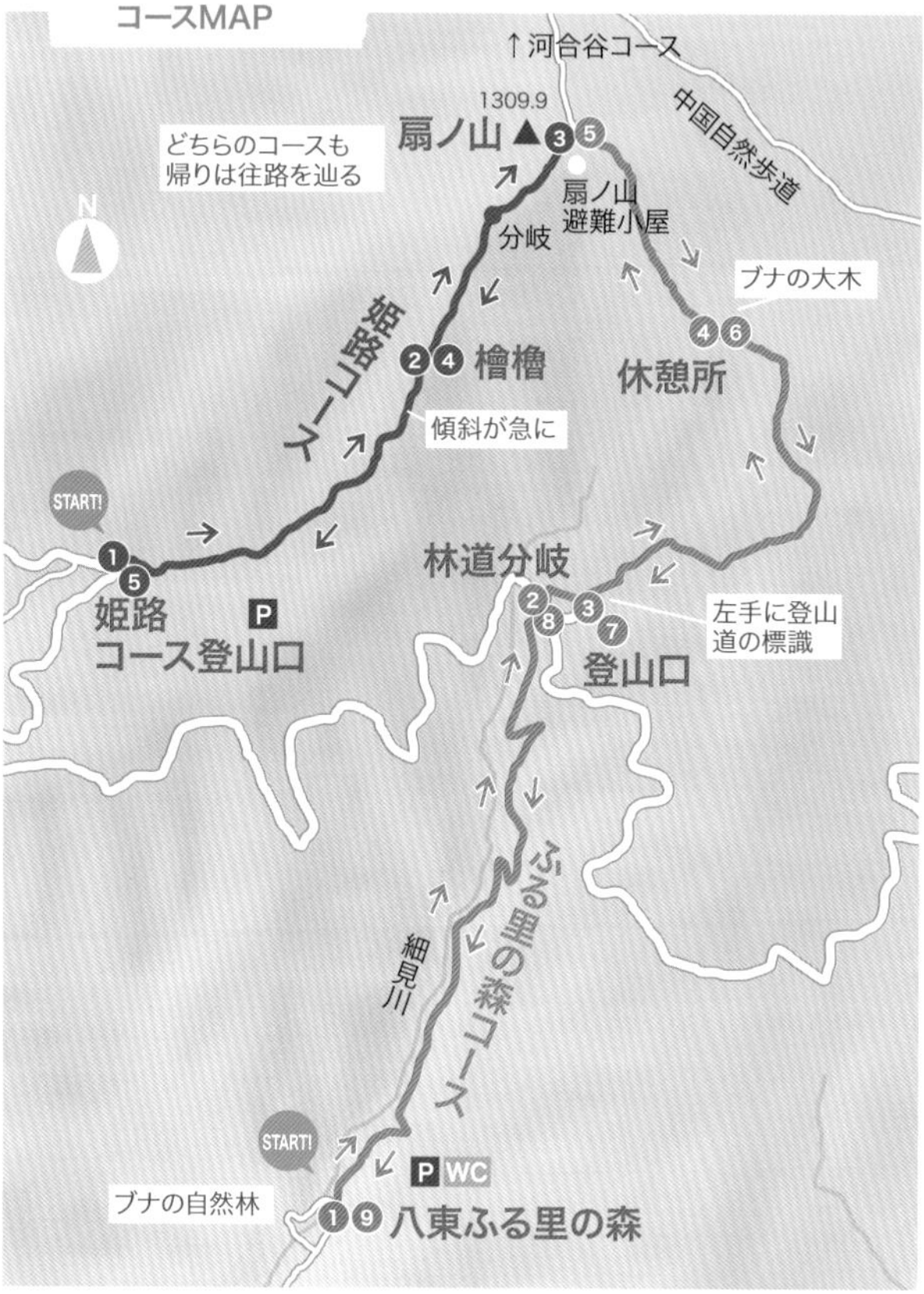

コースMAP
↑河合谷コース
中国自然歩道
1309.9
扇ノ山
どちらのコースも
帰りは往路を辿る
N
扇ノ山
避難小屋
分岐
ブナの大木
姫路コース
檜櫓
休憩所
傾斜が急に
START!
林道分岐
左手に登山
道の標識
姫路
コース登山口
P
登山口
ふる里の森コース
細見川
START!
P WC
ブナの自然林
八東ふる里の森

ふる里の森コースガイド
2000m
1900m
1800m
1700m
1600m
1500m
1400m
1300m
1200m
1100m
1000m
900m
800m
672m
八東ふる里の森
672m
60分
林道分岐
893m
登山口
910m
15分
50分
休憩所
1194m
30分
扇ノ山
1309.9m
20分
休憩所
1194m
40分
登山口
910m
林道分岐
893m
10分
50分
八東ふる里の森
672m

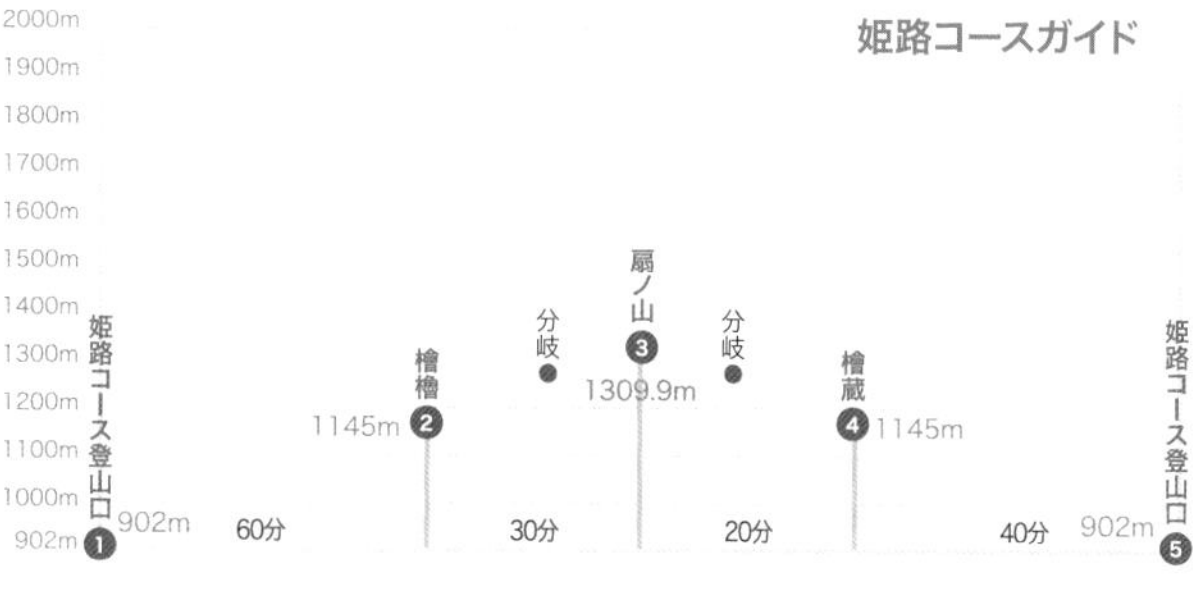

姫路コースガイド
2000m
1900m
1800m
1700m
1600m
1500m
1400m
1300m
1200m
1100m
1000m
902m
姫路コース登山口
902m
60分
檜櫓
1145m
分岐
30分
扇ノ山
1309.9m
分岐
20分
檜蔵
1145m
40分
姫路コース登山口
902m

四季の魅力
春から秋まで自然が楽しめるブナ林

積雪期以外は登山可能。春は新緑、秋の紅葉、また晩秋落葉の季節、落ち葉の中を歩くのも良い。5月末には山開きのイベントが開催され、多くの人々が訪れる。

◀新緑のブナ林。秋には紅葉が美しい

▲ブナの自然林の中を進む

▶絶景スポット檜櫓から望む景色。安全柵がなく、岩がむき出しになっているため足元に注意しよう

立ち寄りスポット
安徳の里　姫路公園

安徳天皇ゆかりの地にある公園。児童広場やキャンプ場、親水広場などが自然と触れ合える総合施設だ。施設内を流れる川では釣りも楽しめる。
問／私都荘
TEL0858-74-0302

●お問合せ　八頭町役場 産業観光課商工観光室 TEL0858-72-0144

扇ノ山DATA

●おすすめ登山シーズン
5月～11月

●トイレ
八東ふる里の森

●駐車場
各登山口（八東ふる里の森、姫路コース登山口、安徳の里姫路公園）

●アクセス
●八東ふる里の森／若桜鉄道・丹比駅より車で約20分。鳥取自動車道河原ICより国道29号、県道37号経由、約45分
●姫路公園／JR因美線東郡家駅より車で35分。鳥取自動車道河原ICより約60分。堀越交差点より県道39号、県道282号、麻生を経て県道37号へ

▲鳥取城跡と桜。山頂の本丸跡は、今は展望台になっている

鳥取城址本丸跡へと照葉樹の森を登る

久松山《きゅうしょうざん》

体力度
★☆☆☆

日程
半日

歩行時間
1時間40分

歩行距離
2km

累計標高差
270m

標高
263m

鳥取市街地にあり鳥取城が築かれていた山。JR鳥取駅北口を出てすぐの鳥取バスターミナルから百円循環バス「くる梨」が出ている。緑コース（緑のバス停）に乗り仁風閣・県立博物館バス停で下車。

山麓は久松公園入口❶として整備されており、二の丸跡の稲荷神社横の階段を上がると登山口（中坂道コース）となる。急こう配の石段を上がっていくと久松中坂大権現の社が建っている。ここが五合目となる。

ここから傾斜がさらに増すが、照葉樹林の中ジグザグに一歩ずつ石段を登っていく。

山頂❷には本丸跡がある。本丸跡が展望台になっており、見事な眺めが広がる。北に目をやれば鳥取砂丘の風景も見える。

帰りは往路を戻る。登山口には仁風閣というフレンチルネッサンス様式の西洋館がある。明治時代に皇太子（大正天皇）の宿泊所として造られ、現在は資料館となっている。

周囲は桜の名所としても知られており、春は花見客などで賑わう。

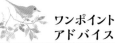

ワンポイントアドバイス

▲登山道は石段が続きなかなか骨が折れるが、よく整備されており、毎朝の早朝登山などで市民に親しまれている。しかし野生動物も多く生息しており熊対策などはきちんとしておきたい

▲展望所からの眺め。まさに「天空の城」だ。秀吉は中国攻めの際、攻略は難しいとみて徹底的な兵糧攻めを実施した

コースMAP
▲263
❷ 久松山
傾斜が
増してくる
帰りは往路を辿る
久松中坂大権現の社
（中坂稲荷）
ジグザグ道
WC
二ノ丸
鳥取県立
博物館
P
❶
❸
WC
久松公園
入口
国指定
重要文化財
仁風閣
鳥取城跡
鳥取西
高校
長田神社
久松
小学校

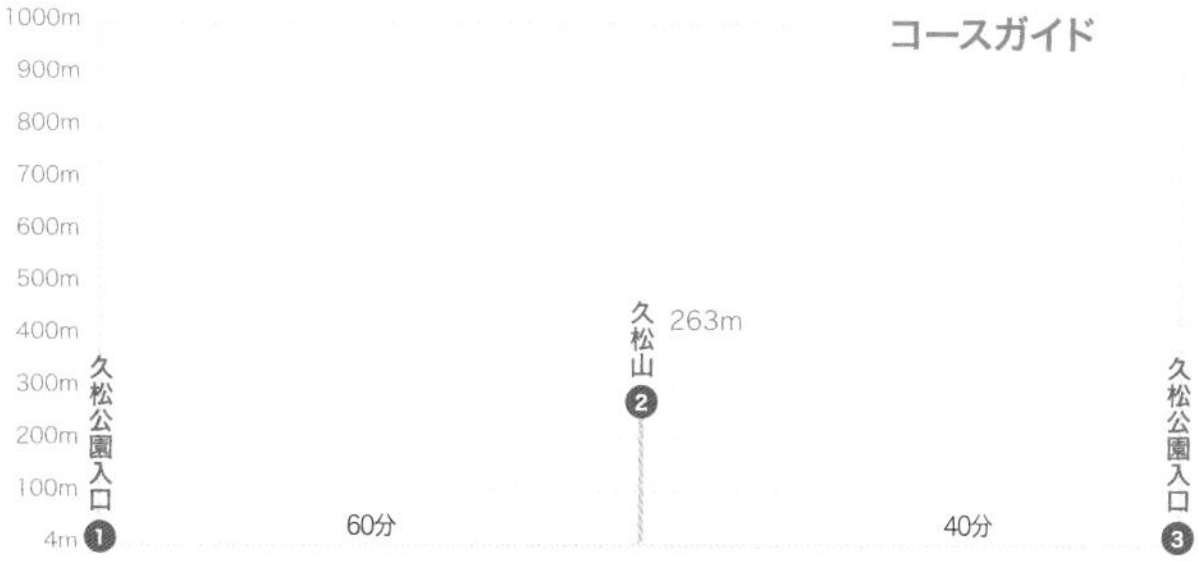
コースガイド
1000m
900m
800m
700m
600m
500m
400m
300m
200m
100m
4m
久松公園入口 ❶
久松山 ❷ 263m
久松公園入口 ❸
60分
40分

立ち寄りスポット

▼鳥取砂丘へはJR鳥取駅のバスターミナルからバスで30分程度で行くことができる。夕陽の絶景ポイントなので下山後に訪れてみてはいかが?

四季の魅力

▲春の桜、秋の紅葉スポットとして人気が高い。また登山道にはシイやヤブツバキなどの照葉樹が多く、そうした植物も楽しめる

久松山DATA

●おすすめ登山シーズン
10月〜5月

●トイレ
久松公園

●駐車場
久松公園周辺に有料駐車場

●アクセス
仁風閣・県立博物館バス停すぐ。JR鳥取駅より徒歩の場合約2km、30分

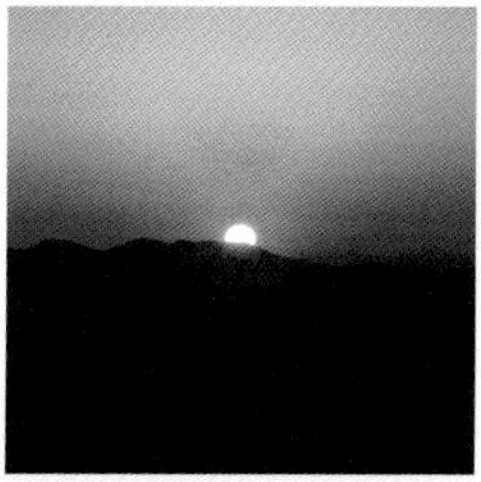

●お問合せ 鳥取市役所 TEL0857-22-8111

▲国宝の投入堂、愛染堂をはじめ、納経堂、地蔵堂 、文殊堂などの重要文化財や県指定文化財が建ち並ぶ

断崖に建てられた国宝・投入堂への難ルート

三徳山《みとくさん》(三佛寺奥院《さんぶつじ おくいん》 投入堂《なげいれどう》)

体力度
★★☆☆

日程
半日

歩行時間
1時間50分

歩行距離
1.7km

累計標高差
258m

標高
520m

鳥取県三朝町にある三徳山は標高899・6メートル。全山が三徳山三佛寺(天台宗)の境内となっており、一般の人は立ち入ることができない。しかし、中腹の断崖に建つ投入堂までは参拝登山が可能。

参拝とはいえ修業の道であり、滑りやすい急坂や鎖場の連続でほぼ全ルート難所と言ってよい。気持ちを引き締めて登りたい。

三佛寺入口❶から石段を登り参拝者受付案内所で入山料400円を支払う。さらに先に進み入峰修行(国宝投入堂参拝登山)受付所❷に到着。志納金800円を支払う。ここで靴底、服装のチェックがある。滑落事故が絶えないため、一人での入山は禁止されている。

すぐにかずら坂がはじまり手で木の根をつかみながらよじ登る。石段、滑りやすい石の道などを登り文殊堂❸へ。文殊堂へは鎖を頼りに登る。

ここから先傾斜は平たんになるが足をとられたり滑ったりしないよう注意し、重要文化財に指定されているお堂を経由しながら進むと、岸壁にある投入堂❹の前に到着する。

ワンポイントアドバイス

▲慶雲3年（706年）役行者が法力で岩屋に投げ入れたと伝わる投入堂。人間技を超えた建築技術だ。国宝にも指定されている

▲入山にあたっては、入山届を提出、2人以上で入山、靴の確認を受けてから入山（底の滑りやすいものやヒールは不可）、立ち入り禁止区域に入らない、荒天時は、入山を禁止、などのルールが厳格に求められる。また山中への食糧の持ち込みはできない

コースMAP

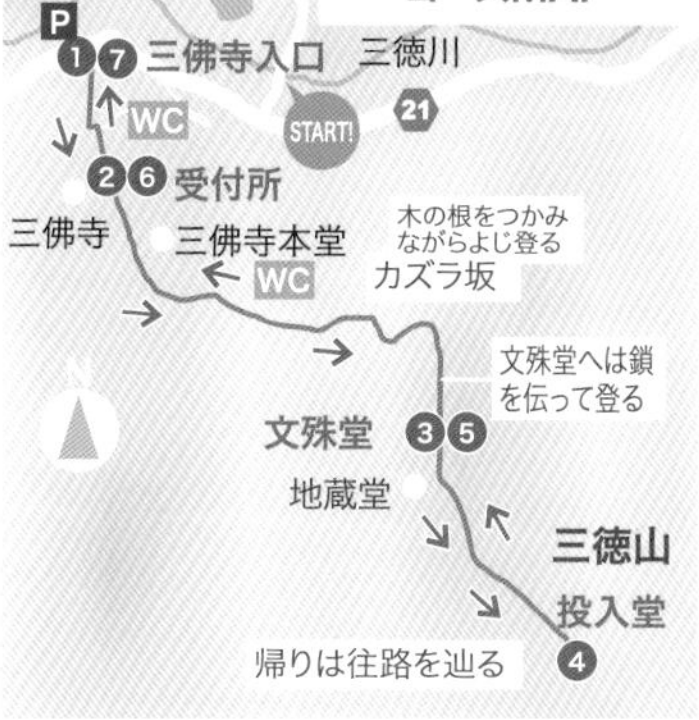
P
1 7 三佛寺入口
三徳川
WC
START!
21
2 6 受付所
三佛寺
三佛寺本堂
木の根をつかみながらよじ登る
WC
カズラ坂
文殊堂へは鎖を伝って登る
文殊堂 3 5
地蔵堂
三徳山
投入堂
帰りは往路を辿る 4

▲文殊堂へは鎖を伝って登る

▲かずら坂

コースガイド

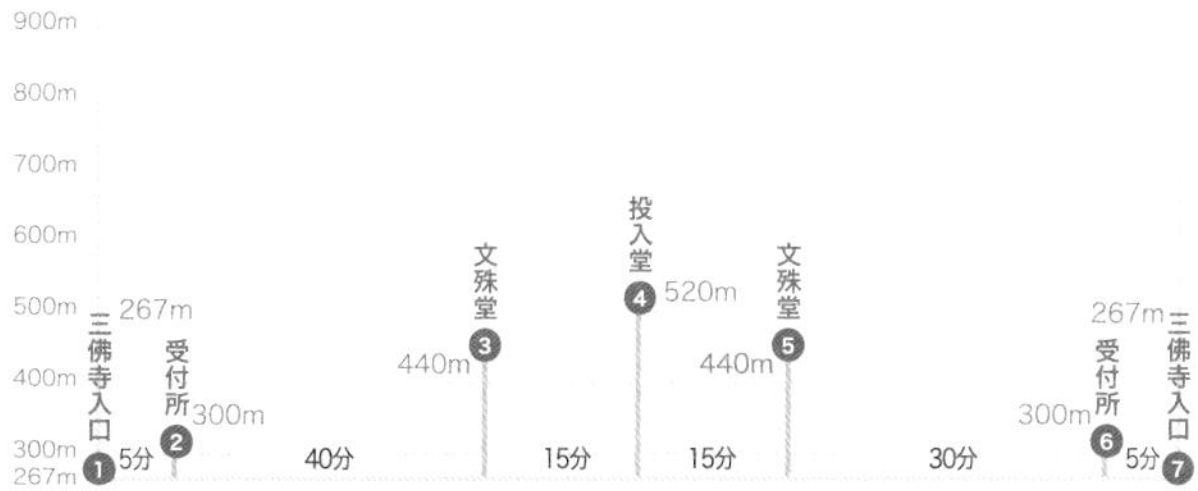
1000m
900m
800m
700m
600m
500m
400m
300m
267m
1 三佛寺入口 267m
5分
2 受付所 300m
40分
3 文殊堂 440m
15分
4 投入堂 520m
15分
5 文殊堂 440m
30分
6 受付所 300m
5分
7 三佛寺入口 267m

立ち寄りスポット

▼三佛寺から車で15分ほどの三朝温泉。長い歴史を持つ温泉街が広がっている。河原の露天風呂も名物

四季の魅力

▲毎年10月の最終日曜日に秋会式（炎の祭典・採燈護摩・火生三昧火渡り神事）が行われる

三徳山DATA

●おすすめ登山シーズン
4月～11月
●トイレ
三徳山駐車場、三徳山参詣受付案内所
●駐車場
三徳山駐車場
●アクセス
米子自動車道湯原ICより国道313号経由1時間20分
※三佛寺の住所：鳥取県東伯郡三朝町三徳1010

●お問合せ 三徳山三佛寺 TEL0858-43-2666
三朝温泉観光案内所 TEL0858-43-0435

▲「伯耆三嶺」と呼ばれた修験道の聖地・船上山。むき出しの岩肌が織りなす豪快な景観を楽しみたい

天然の城塞の歴史を持つ聖地を歩く

船上山《せんじょうざん》

体力度
★★☆☆

日程
半日

歩行時間
2時間20分

歩行距離
4.5km

累計標高差
429m

標高
687m

大山隠岐国立公園にある船上山は、平安時代初期から山岳仏教が栄えた。大山、三徳山とともに「伯耆三嶺」と呼ばれた修験道の聖地だった。

元弘の乱により隠岐へ配流されていた後醍醐天皇が1333年に隠岐を脱出。この山を舞台に討幕を挙兵し鎌倉幕府の滅亡、建武の新政の樹立の礎となった舞台でもある。

船上山ダム、鳥取県少年自然の家❶からスタート。大鳥居をくぐりまず東坂登山口❷へと向かう。登山口には駐車場もあり、ここまで車で来ることも可能。東坂コースを進んでいくと、船上山行宮之碑があり、船上山山頂(615・4メートル)はすぐ近くとなる。またわずかに南へ下ると千丈のぞき❸という屏風岩の先端から切りたった崖や千丈滝を眺める絶景スポットだ。

登山道に戻り船上神社へと向かう。鳥居をくぐりさらに奥の院❹へと進めば、ここが最高地点(687メートル)。

ここからは往路を下る。別ルートの西坂登山道へと下れば75分ほど。

ワンポイントアドバイス

船上山ダム

▲ダムの北側を周り、鱒返しの滝、千丈滝の雄滝、雌滝などを眺める滝めぐりコースもある。東坂登山口からさくらの里まで2時間ほど

▲船上神社境内の千年杉の大木

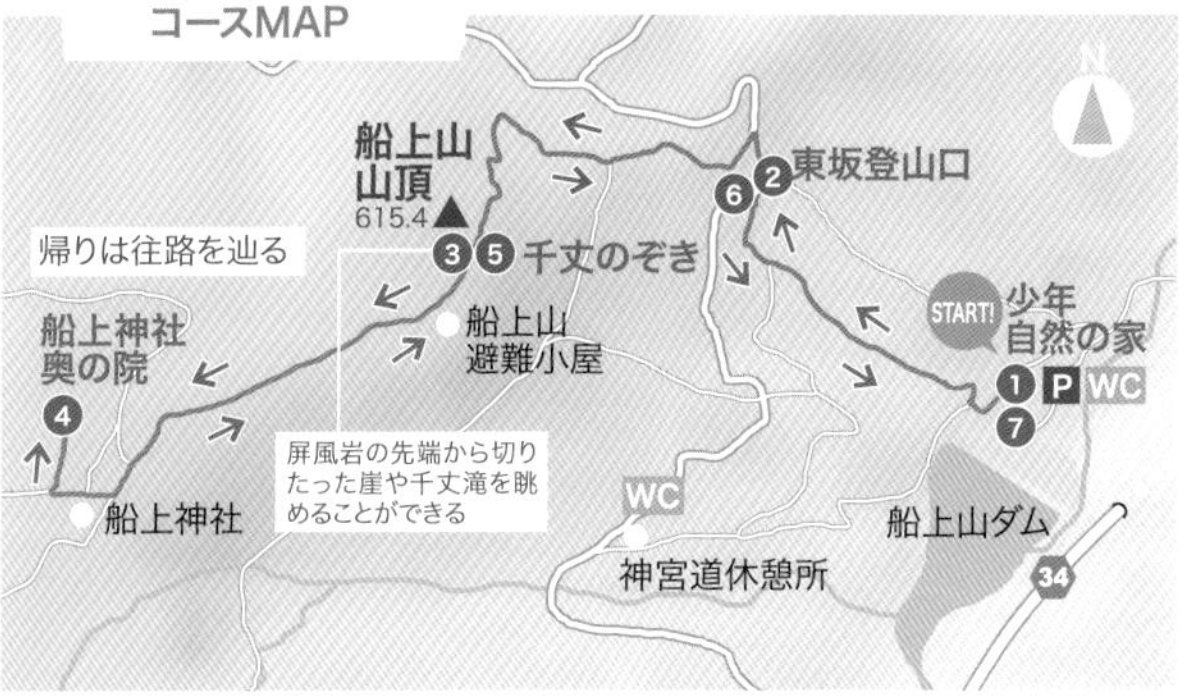
コースMAP
N
船上山
山頂
615.4
東坂登山口
③⑤千丈のぞき
⑥②
帰りは往路を辿る
船上神社
奥の院
④
船上山
避難小屋
START!
少年
自然の家
①P WC
⑦
屏風岩の先端から切りたった崖や千丈滝を眺めることができる
WC
船上神社
神宮道休憩所
船上山ダム
34

◀船上山ダムから望むと屏風岩の断崖が目に印象的

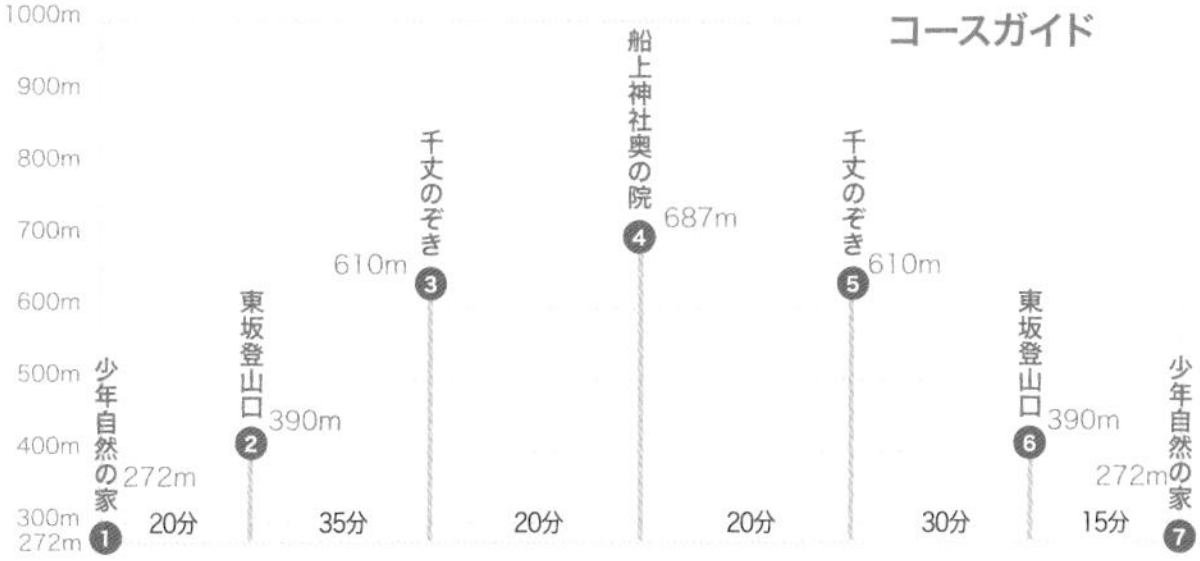
コースガイド
1000m
900m
800m
700m
600m
500m
400m
300m
272m
① 少年自然の家 272m
20分
② 東坂登山口 390m
35分
③ 千丈のぞき 610m
20分
④ 船上神社奥の院 687m
20分
⑤ 千丈のぞき 610m
30分
⑥ 東坂登山口 390m
15分
⑦ 少年自然の家 272m

立ち寄りスポット

▼この山系を南へ縦走すると、勝田ヶ山（1149m）、甲ヶ山（1338m）、矢筈ヶ山（1358m）に至る。ともに大山の火山活動によって形成された山群で、甲ヶ山南稜線の「ゴジラの背」は奇観。健脚向きの山だ

四季の魅力

▲出発地点近くは万本桜公園として桜の名所となっている。また秋は展望台から眺める屏風岩と紅葉が見事だ

船上山DATA

●おすすめ登山シーズン

4月～11月

●トイレ

神宮道休憩所、薄ヶ原休憩所（行宮之碑近く）、少年自然の家駐車場

●駐車場

駐車スペース有

●アクセス

JR山陰線赤碕駅から少年自然の家行きバスで30分。山陰道「琴浦船上山IC」から車で15分

●お問合せ　琴浦町観光協会 TEL0858-55-7811

歴史と大自然の街道。冬は樹氷輝く中国第二の頂

氷ノ山《ひょうのせん》

▲夏の山頂を望む

体力度
★★★☆

日程
終日

歩行時間
4時間35分

歩行距離
8.9km

累計標高差
約850m

標高
1,510m

お伊勢詣での街道

鳥取県と兵庫県の県境にそびえる氷ノ山は、氷ノ山後山那岐山国定公園の主峰だ。冬季はスキー場としても親しまれており、四季を通じて自然と触れ合うことのできるリゾート地となっている。

今回紹介する氷ノ越コースの一部は、かつて伊勢詣でに行き交う人々の街道として利用されていた。峠には当時を物語るお地蔵さんなども。

▲氷ノ山自然ふれあい館響の森

氷ノ越から山頂へ

出発点はふれあいの里❶バス停。「氷ノ山自然ふれあい館響の森」や宿泊施設「氷太くん」「わかさ氷ノ山キャンパーズビレッジ」などが隣接する。まず国道482号を進んで行くと右手に古道元伊勢参道の道標が。ここから山道に入り、旧国道に氷ノ越登山口❷の道標がある。キャンプ場を利用し、場内の遊歩道から登山道に通じる道もある。

▲三角のシルエットが印象的な頂上避難小屋

さらに登っていくと杉の林の中に、旧伊勢道の名残と見られる石畳❸が。さらに進めば道はつづら折となり、氷ノ越❹に到着する。古い石仏が街道の雰囲気を今に伝えてくれる。

兵庫県との県境を進む

兵庫側には避難小屋がある。この山は兵庫県の最高峰となる。ブナの天然林を進み起伏を越えて行くと見通しが良くなり、前方に三角屋根が印象的な頂上の避難小屋が見えてくる。

仙谷分岐❺から25分ほどで氷ノ山山頂❻だ。須賀ノ山という別名も持ち、須賀ノ山神宮の小さな祠が祀られている。鳥取県によって設置されたソーラー発電を利用した循環型の水洗トイレがある休憩所は女性にはうれしい施設だ。

チシマザサの草原を三ノ丸❼へと進む。櫓型の展望所から３６０度の眺望を楽しもう。少し先の左側に三ノ丸避難小屋があり、坂ノ谷分かれの分岐を右に曲がり、休憩所を過ぎてから尾根の急坂を下っていくと木段があり、スキーリフトの最上部❽に出る。リフト沿いの道を慎重に下り、ゲレンデを下っていけばわかさ氷ノ山スキー場❾の施設に到着。さらにその下にバス停がある。

▲氷ノ越道標。歴史を感じさせる石仏が

▲仙谷分岐。仙谷コース沿いに鳥取県一と言われるトチノキの巨木がある

ワンポイントアドバイス

東尾根方面
氷ノ山山頂
1510米
関宮町

▲仙谷分岐からの下山道もあるが、傾斜がきつく、途中鎖場などもあるので初心者は登山に利用した方がいいだろう。兵庫県側からは福定親水公園、東尾根、大段ヶ原、殿下コースなど多くのルートがある。こちらのルートに下山することももちろん可能だが、バス便などは少ないので注意が必要

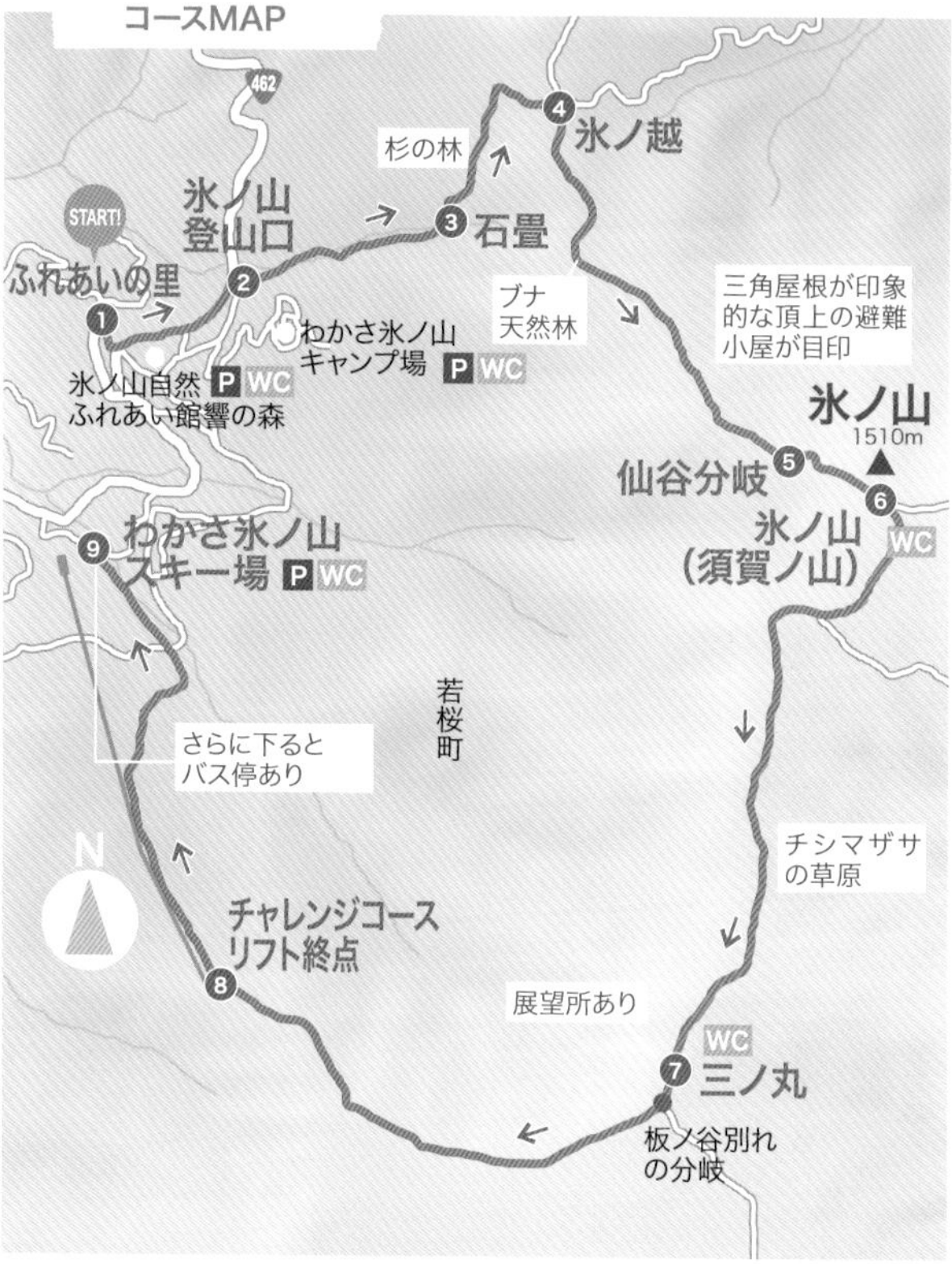

コースMAP
462
START!
ふれあいの里
①
②
氷ノ山登山口
③ 石畳
杉の林
④ 氷ノ越
ブナ天然林
わかさ氷ノ山キャンプ場 P WC
氷ノ山自然ふれあい館響の森 P WC
三角屋根が印象的な頂上の避難小屋が目印
氷ノ山 1510m
⑤ 仙谷分岐
⑥ 氷ノ山（須賀ノ山） WC
⑨ わかさ氷ノ山スキー場 P WC
若桜町
さらに下るとバス停あり
N
チシマザサの草原
チャレンジコースリフト終点 ⑧
展望所あり
WC
⑦ 三ノ丸
板ノ谷別れの分岐

▲キャンプ場からの登山口

氷ノ山三ノ丸

▲三ノ丸には避難小屋、休憩所、展望櫓がある

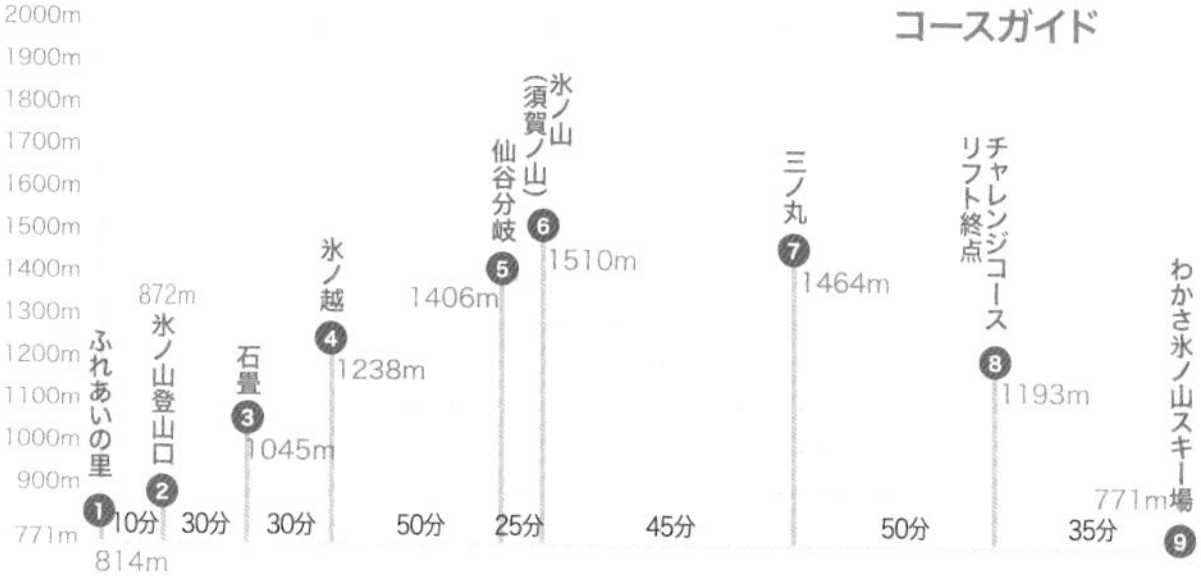

コースガイド
2000m
1900m
1800m
1700m
1600m
1500m
1400m
1300m
1200m
1100m
1000m
900m
771m
① ふれあいの里
② 氷ノ山登山口 872m
814m
③ 石畳 1045m
④ 氷ノ越 1238m
⑤ 仙谷分岐 1406m
⑥ 氷ノ山（須賀ノ山） 1510m
⑦ 三ノ丸 1464m
⑧ チャレンジコースリフト終点 1193m
⑨ わかさ氷ノ山スキー場 771m
10分
30分
30分
50分
25分
45分
50分
35分

▲キャンプ場内からも登山道に入ることができる。バンガローやオートキャンプ場も備えた本格的施設

▲出発点近くにある「わかさ氷ノ山高原の宿　氷太くん」はスポーツ施設などが整った大型宿泊施設。キャンプ場およびスキー場の管理も行う中一＆スマイルカンパニー株式会社が運営している

広島
岡山
鳥取
島根
山口
愛媛
香川
徳島
高知

▲稜線には、チシマザサに覆われたブナ天然林が見られる

四季の魅力
壮大な白い樹氷と色鮮やかな棚田四季の魅力

天照大神が東征の際ふもとで一夜を過ごし、翌朝木々の梢に朝日が輝く様子を見て「日枝の山」とつぶやいたことが「氷ノ山」の語源になったと伝わるが、冬の樹氷は見事。

また登山口近くには棚田が広がり、四季折々の姿を見せる。「つなぐ棚田遺産」にも選出されている。稜線付近はブナの天然林、山頂付近はキャラボク群落が美しい姿を見せる。

◀美しい棚田では今も米作りが行われている

立ち寄りスポット
氷ノ山自然あふれあい館 響の森

「氷ノ山自然あふれあい館　響の森」は、自然をとことん学び楽しめる施設。館内の見学は無料で、氷ノ山の森を体感できる日本最大級の「森のジオラマ」や、体験メニューがたくさんあり家族揃って楽しめる。

氷ノ山DATA

●おすすめ登山シーズン
5月〜11月

●トイレ
キャンプ場、山頂、三ノ丸休憩所

●駐車場
周辺キャンプ場等多数あり

●アクセス
若桜鉄道若桜駅から町営バスつく米線で「ふれあいの里」バス停下車(本数が少ないので前日入り推奨)。鳥取市内より車で約1時間

●お問合せ 若桜町観光協会 TEL0858-82-2237
中一&スマイルカンパニー株式会社 TEL0858-82-1111
氷ノ山自然ふれあい館 響の森 TEL0858-82-1620
写真提供：氷ノ山自然ふれあい館 響の森

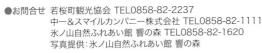

▲大膳原の草原から山頂へと進むコースはまさにこの本のタイトル通り「ゆったり行こう！」

出雲の脊梁山地をゆっくりと歩く

吾妻山《あづまやま》

体力度
★★☆☆

日程
終日

歩行時間
3時間5分

歩行距離
8.4km

累計標高差
約660m

標高
1238.4m

島根県奥出雲町と広島県庄原市を分ける県境の山。たおやかな稜線歩きが楽しい。

JR木次線八川駅前から県道49号に入り奥出雲町立馬木小学校近くの交差点を左折。県道25号（玉湯吾妻山線）を進むと大峠の駐車場に着く。八川駅から約11キロメートル、車で25分弱だ。手前にトイレもあり、ここが登山口となる（大峠登山口❶）。30分ほどは車も進める道を歩く。ウォーミングアップもかねて風景や自然の様子を楽しもう。県道終点に広場❷があり、そこからは傾斜が増す。沢に沿いながら登り、木々の間から空が見えると峠❸（横田別）に出る。ベンチがある。ここから左折すると烏帽子岳を経て比婆山への道となる。

右へ進むとやがて大膳原の草原に出る。なんとも気持ち良い眺めだ。途中には避難小屋やキャンプ場もある。ルートを左にとり南の原の方へいったん折れてから（山頂下分岐❹）、頂上へのアプローチを登る（山頂登り口❺）。

山頂❻には方向板が置かれ、見通しが良ければ遠く宍道湖や大山も見渡すことができる。眼下の草原や池の原方面の眺めも素晴らしい。帰りは来た道を下山しよう。

ワンポイントアドバイス

▲ここで紹介するのは島根側からのルートだが、38pでは広島県庄原市からのルートも掲載している。県境をなす比婆山系は各方面からのルートが楽しめ、多くの登山者に親しまれている。日本最初の歴史書である古事記に記載されているこの山々。一度は神話の国・出雲の側から登ってみたい

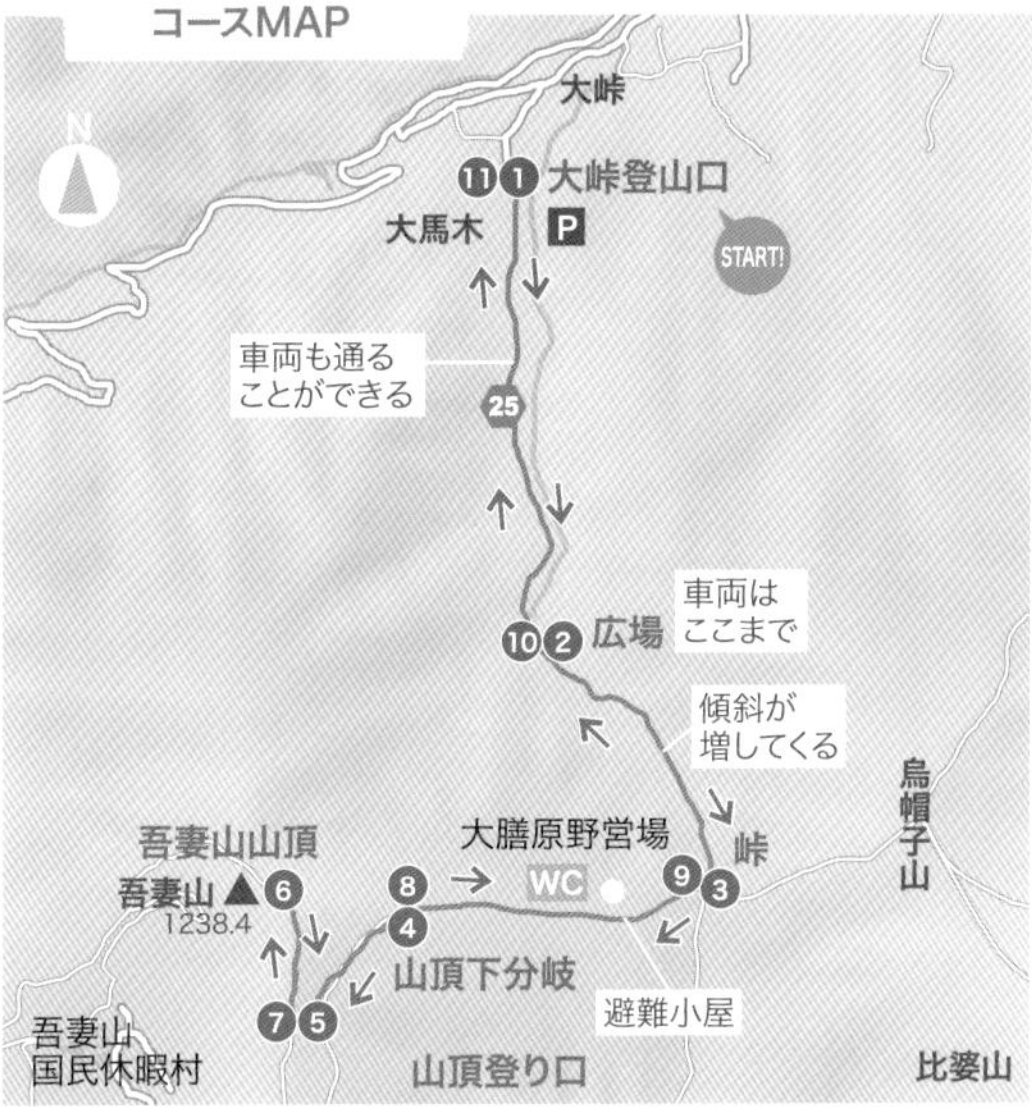
コースMAP
N
大峠
11 1 大峠登山口
大馬木
P
START!
車両も通る
ことができる
25
10 2 広場
車両は
ここまで
傾斜が
増してくる
烏帽子山
吾妻山山頂
大膳原野営場
吾妻山 ▲ 6
1238.4
8
WC
9 3 峠
4
山頂下分岐
7 5
避難小屋
吾妻山
国民休暇村
山頂登り口
比婆山

▲山頂からの眺望

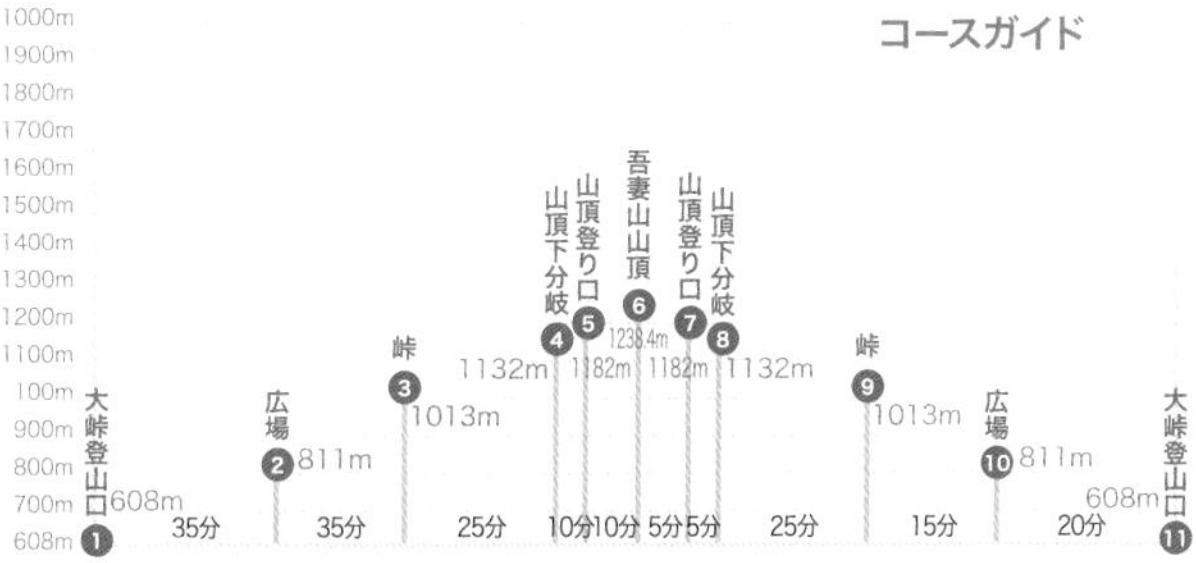
コースガイド
1000m
1900m
1800m
1700m
1600m
1500m
1400m
1300m
1200m
1100m
100m
900m
800m
700m
608m
1 大峠登山口 608m
35分
2 広場 811m
35分
3 峠 1013m
25分
4 山頂下分岐 1132m
10分
5 山頂登り口 1182m
10分
6 吾妻山山頂 1238.4m
5分
7 山頂登り口 1182m
5分
8 山頂下分岐 1132m
25分
9 峠 1013m
15分
10 広場 811m
20分
11 大峠登山口 608m

▲大膳原から山頂を望む

立ち寄りスポット

▼大膳原の歩道北側に大膳原野営場がある高大膳原避難小屋・キャンプ場。オートキャンプ場のようなテント等の貸し出しや電気はないが、テント泊登山の訓練に良い。休憩所、トイレ、水場の利用可（水洗式トイレは、凍結防止のため12～4月は閉鎖）

四季の魅力

▲以前は牧場があったという大膳原から眺める吾妻山の姿は格別。春から秋にかけて、様々な野の花が咲く。特に秋の大膳原は、リンドウ、カワラナデシコ、ウメバチソウ、ワレモコウなどの花とともにススキの原が広がり、牧歌的な雰囲気の中に秋を感じる

吾妻山DATA

●おすすめ登山シーズン
4月下旬～11月
●トイレ
大膳原野営場
●駐車場
大峠の駐車場（約10台）
●アクセス
公共交通機関使用の場合ＪＲ木次線八川駅から奥出雲交通のバスで大畝別れまで約15分。バス停から大峠登山口まで徒歩で30分ほど。バスの本数は少ないので必ず確認を

●お問合せ　奥出雲町観光協会 TEL0854-54-2260

▲山頂からは恐羅漢山、旧恐羅漢山、冠山、寂地山などなど西中国山地の峰々が一望に見渡せる

山頂で石見神楽が奉納される山。西中国山地を一望

春日山《かすがやま》

体力度
★★☆☆

日程
半日

歩行時間
3時間5分

歩行距離
5.0km

累計標高差
495m

標高
989.2m

標高は１０００メートルをきるが、周囲に高い山がなく眺望が良い。匹見川を挟んで恐羅漢山と対峙する位置にある。山頂には春日大明神の祠があり、山名もこれに由来するものであろう。

匹見の町から国道４８８号を県道１７２号に折れ、約20分でこしまつ橋❶という小さな橋に着く。ここが登山口となる。ここには何台分かの駐車スペースがある。ところどころある道標に沿って杉の植林帯を北東へ歩いていくと、美都コースへの分岐点❷に標識が立っている。右にコースを取り、カーブするように頂への道を登っていく。ナラの樹林が増え、最後の水場❸に到着。水量は少ないが、高度を考えると、この山の豊かさが感じられる。急坂を滑らないよう慎重に進み、山頂へ。

山頂❹からは、南東方面に恐羅漢山・旧恐羅漢山。南には冠山、寂地山などが並ぶ。広域図とコンパスを持参して、山座を同定しながら眺めるのも楽しいだろう。

帰りは往路を戻る。傾斜が急な箇所は特に気をつけて。

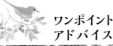

ワンポイントアドバイス

▲美都コースは、みと自然の森が起点となる。山頂まで片道約5キロ、2時間の行程。益田川の上流にある施設で、キャンプ場やバンガローが整備されている。問／島根県益田市美都町都茂2654 TEL0856-52-2212

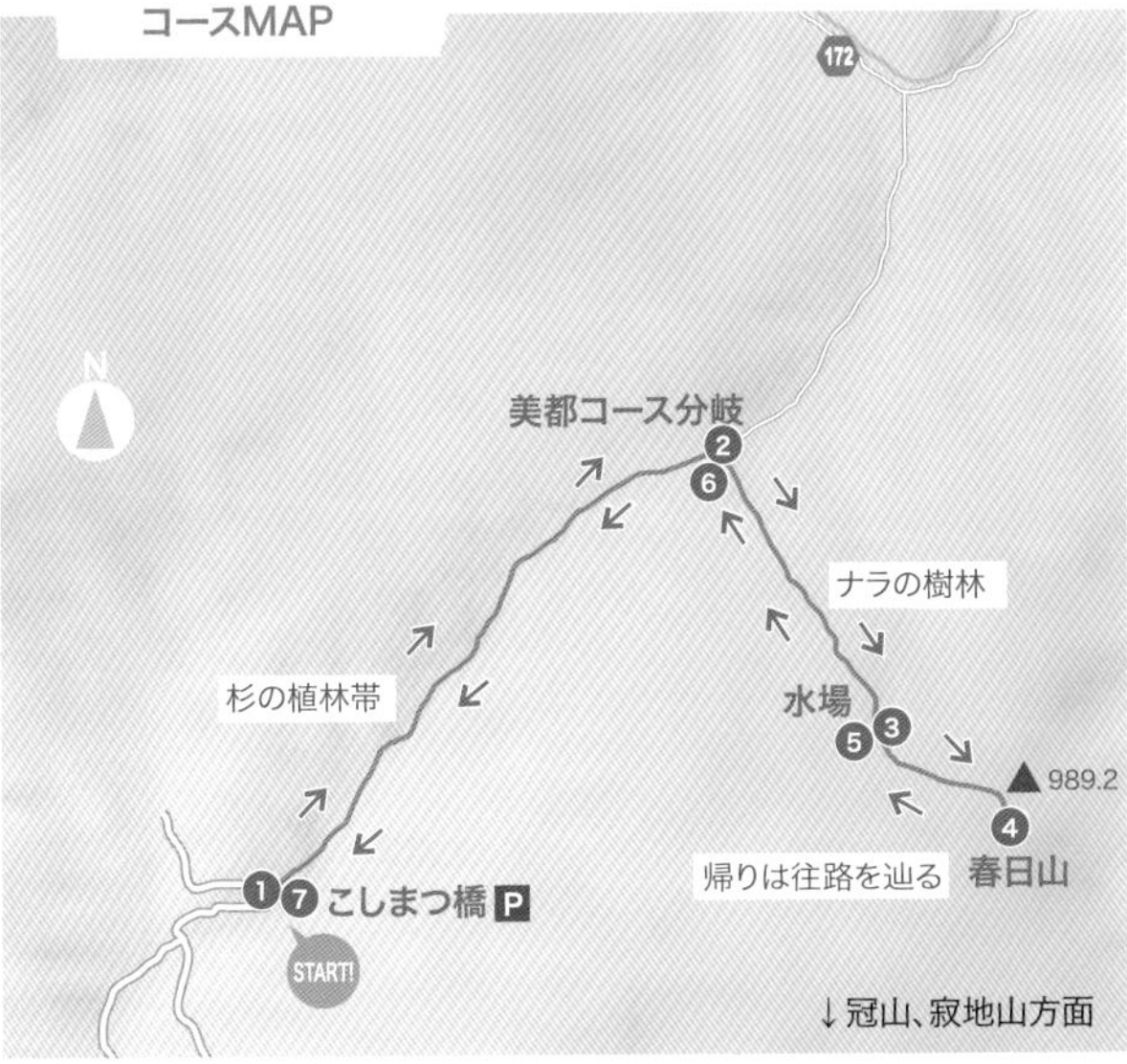
コースMAP
172
N
美都コース分岐
2
6
ナラの樹林
杉の植林帯
水場
5
3
▲989.2
4
春日山
帰りは往路を辿る
1
7
こしまつ橋
P
START!
↓冠山、寂地山方面

▲距離はそうでもなくとも急な傾斜もあるので油断せず登ろう。天気が良ければ山頂ではゆっくりと景色を楽しみたい

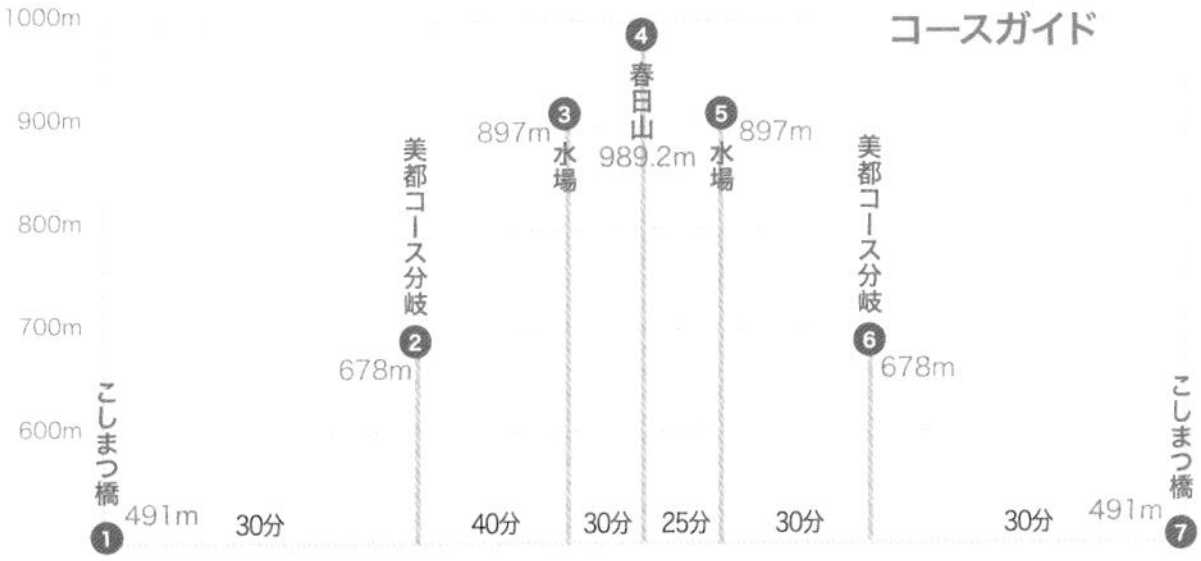
コースガイド
1000m
900m
800m
700m
600m
1 こしまつ橋 491m
2 美都コース分岐 678m
3 水場 897m
4 春日山 989.2m
5 水場 897m
6 美都コース分岐 678m
7 こしまつ橋 491m
30分
40分
30分
25分
30分
30分

立ち寄りスポット

▼匹見の川は渓谷美で知られ、裏匹見峡エリアにあるレストパークには、キャンプや渓流釣り、温泉を楽しむ客が訪れる。

四季の魅力

▲8月5日、春日大明神のお祭りが山頂で行われる。匹見地域と美都地域の重要なお祭りだが、令和2年を最後に途絶えている。(要事前確認)

春日山DATA

●おすすめ登山シーズン
4月～11月

●トイレ
なし※みと自然の森にはある

●駐車場
駐車スペース有

●アクセス
山陽方面から匹見町へは地図上は中国道吉和ICが最短だが通行止め区間があるので、戸河内ICから、又は六日市ICから益田経由で向かうのがお薦め

●お問合せ 益田市匹見地域総務課 TEL0856-56-0300

▲浮布の池展望所からみた三瓶山。6つのピークに囲まれた島根の名峰だ。10月中旬から11月上旬にかけて紅葉が見頃となる

島根を代表する山。見晴らしで人気の尾根コース

三瓶山《さんべさん》

体力度
★★☆☆

日程
終日

歩行時間
4時間10分

歩行距離
4.9km

累計標高差
661m

標高
1126m
(男三瓶山)

島根県では最も親しまれている山と言えるかもしれない。現在は火山噴火で出来た複数のピークが室の内火口を囲って並んでいる。全体に女性的なやわらかさを持つ山で、四方から多くのルートが作られている。今回は尾根歩きの展望が人気の西の原ルートで登り、男三瓶山から最も短いルートで下山できる姫逃池へのコースを紹介しよう。

　西の原の定めの松付近にある登山口❶から入山。草原の中を進むと交差路❷へ。山麓を巻く中国自然歩道となる。西の原を見渡しながらジグザグのガレ場を登り、やがて平らな広い草原に出る。ここが三瓶山で最も標高の高い男三瓶山❸だ。頂上直下に避難小屋がある。ここから北の原にある姫逃池登山口へと下る。途中ブナの中を下るが、この辺りは傾斜がやや急になる。距離自体は短いので、安全に気をつけながらゆっくり進んでいこう。ジグザグの道を下ると女三瓶山との分岐❹に出るがまっすぐ下っていけば姫逃池登山口❺に着く。

ワンポイントアドバイス

▲西の原登山道中腹から見下ろすと西の原草原、浮布池が見える。遠方には大江高山の山群。南の女夫松登山口近くには国民宿舎さんべ荘があり、三瓶温泉が日帰り入浴でも楽しめる。東の原の登山道には観光リフトがあり、大平山山頂近くの展望所まで行ける。一度だけでなく幾度も訪れたい山だ

コースMAP
姫逃池
国立三瓶青少年交流の家
5 姫逃池登山口
P WC
分岐 4
傾斜がやや急
ヘルシートレイリングコース
中国自然歩道
男三瓶山 3 ▲1126
平らな広い草原
西の原
2 分岐
女三瓶山
三瓶山
大平山
P WC
1 登山入口
西の原 定めの松
START!
30
子三瓶山
孫三瓶山
日影山

▲姫逃池登山道入り口。男三瓶山山頂への最短ルート。ゆっくりペースで約2時間

コースガイド
2000m
1900m
1800m
1700m
1600m
1500m
1400m
1300m
1200m
1100m
1000m
900m
800m
700m
600m
464m
1 登山入口 465m
2 分岐 554m
3 男三瓶山 1126m
4 分岐 755m
5 姫逃池登山口 586m
30分
120分
80分
20分

立ち寄りスポット

▼三瓶山を中心に島根県の自然に関する展示などを行う自然系博物館「島根県立三瓶自然館サヒメル」。大山隠岐国立公園（三瓶山地区）のビジターセンターとしての機能も併せ持っている。姫逃池登山口のすぐそばにある。
問／島根県大田市三瓶町多根1121-8
TEL0854-86-0500

四季の魅力

▲晩春のオキナグサ、初夏の訪れを告げるレンゲツツジ、夏間近のササユリ、そして秋口のソバの花と、三瓶の草原は様々な草花が出迎えてくれる

三瓶山DATA

●おすすめ登山シーズン
4月～11月
●トイレ
西の原登山口、姫逃池登山口ほか
●駐車場
西の原駐車場（100台）、姫逃池登山口ほか
●アクセス
山陰自動車道大田中央・三瓶山ICより約20km。中国自動車道三次ICより約60km。本数は少ないがJR大田市駅よりバス有

●お問合せ 大田市役所産業振興部観光振興課 TEL0854-83-8192（代）

▲奥出雲町鳥上地区から見た風景

出雲神話の舞台、ヤマタノオロチ伝説の山へ

船通山《せんつうざん》

体力度
★★☆☆

日程
半日

歩行時間
3時間20分

歩行距離
10.5km

累計標高差
680m

標高
1142.5m

島根県の東端、鳥取県と県境をなす山だ。今回は島根県ルートを紹介するが鳥取側からのアプローチも一般コース、健脚コースの2つがある。

斐伊川の源流で、出雲のたたら製鉄や神話と深く関係している。日本海へと注ぐ斐伊川の氾濫が山肌を削り、むき出しとなった土肌の様子がヤマタノオロチ伝説の元になったとする説もある。

奥出雲町横田から県道108号を走り、山ノ神神社より折れ斐乃上温泉❶へと向かう。さらに上の登山口まで車で行くこともできる。分岐❷を右にとり鳥上滝コースを進む。石畳となり、やがて鳥上滝登山口❸に着く。少し上に水場がある。稜線に出て亀石コースとの分岐を過ぎると頂上❹となる。頂上は広い草原で、石碑や鳥居、祠がある。付近にはカタクリが群生し、4月下旬から5月上旬にかけて可憐な花が咲く。下山は分岐から亀石コースへ。途中の山壁に沿った水平の道は砂鉄採取の遺跡。杉林を過ぎると亀石コース登山口❺。あとは車道を歩き出発点に戻る。

ワンポイントアドバイス

▲山頂には小さな避難小屋がある。鳥取側に下ると途中にイチイの大木がある。国の天然記念物で樹齢1000年以上と言われている。鳥取側の登山口も駐車場やトイレがあり整備されている

天叢雲劔出顕之地

▲天叢雲剣出現石碑

▲船通山天狗岩

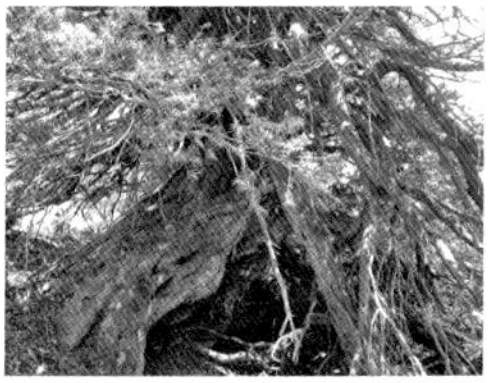

▲イチイの大木

▲船通山遠景

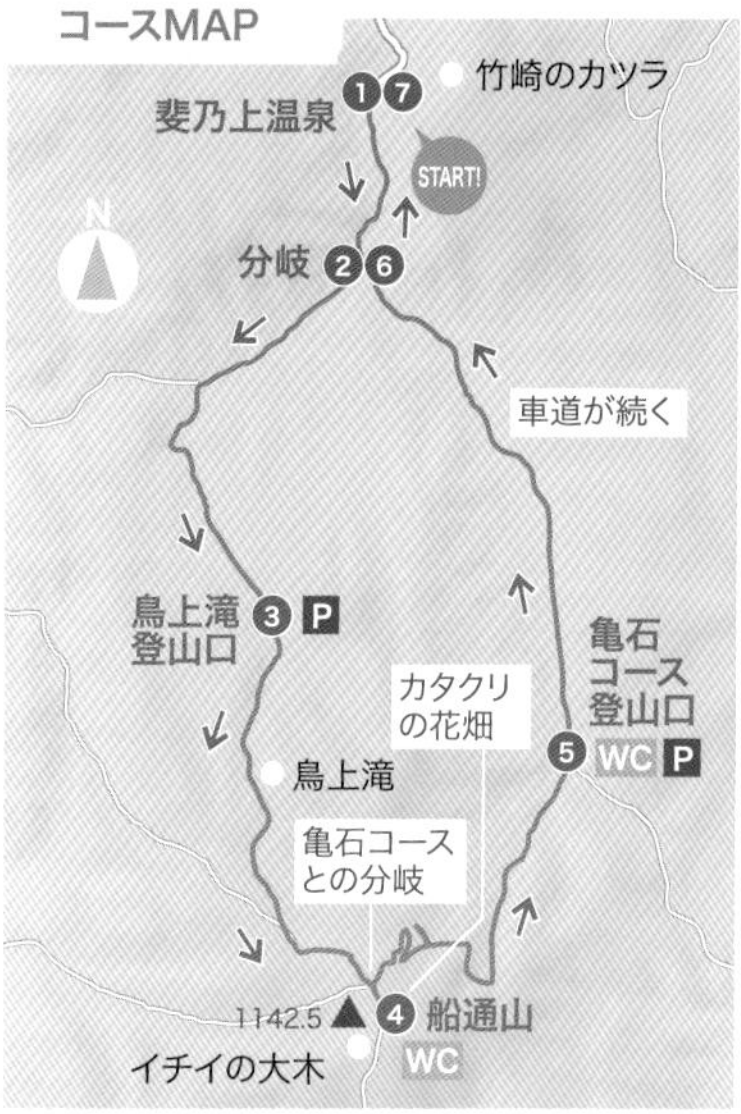
コースMAP
竹崎のカツラ
斐乃上温泉 1 7
START!
N
分岐 2 6
車道が続く
鳥上滝
登山口 3 P
亀石
コース
登山口
カタクリ
の花畑
5 WC P
鳥上滝
亀石コース
との分岐
1142.5 ▲ 4 船通山
イチイの大木
WC

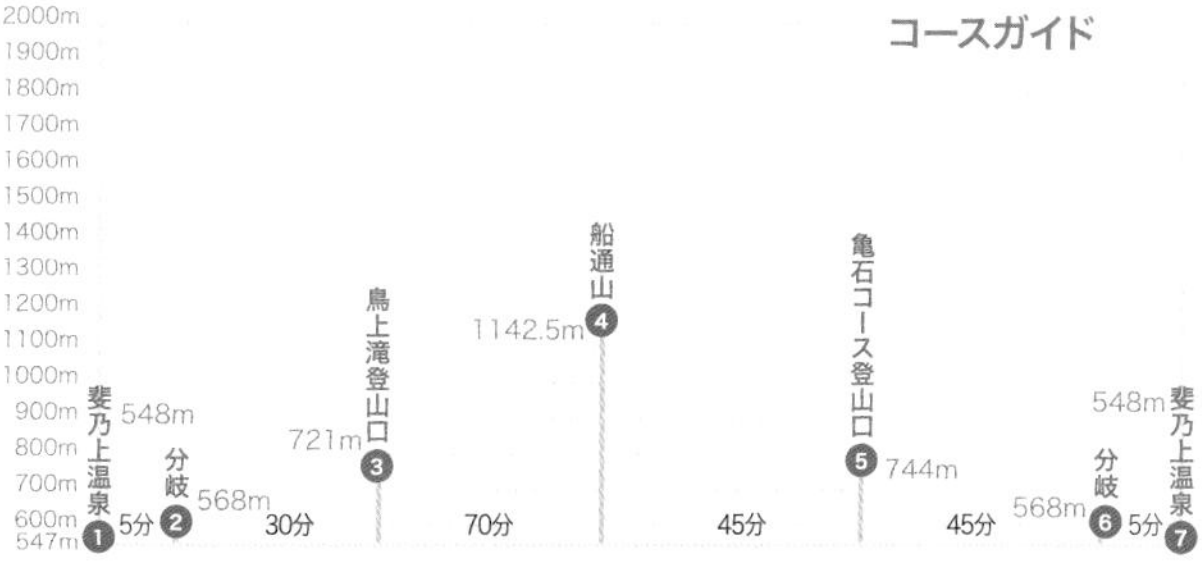
コースガイド
2000m
1900m
1800m
1700m
1600m
1500m
1400m
1300m
1200m
1100m
1000m
900m
800m
700m
600m
547m
斐乃上温泉 1 548m
5分
分岐 2 568m
30分
鳥上滝登山口 3 721m
70分
船通山 4 1142.5m
45分
亀石コース登山口 5 744m
45分
分岐 6 568m
5分
斐乃上温泉 7 548m

立ち寄りスポット

▼スタート・ゴール地点は、栃木県「喜連川温泉」、佐賀県「嬉野温泉」とともに『日本三大美肌の湯』に選ばれた斐乃上温泉。登山後に汗を流すのもいい。

問／斐乃上荘TEL0854-52-0234

四季の魅力

▲『古事記』によれば船通山の麓へ降ったスサノオはヤマタノオロチを退治し、その尾から得た天叢雲剣を天照大神に献上したという。これにちなみ、毎年7月28日に天叢雲剣を発見した神話に基づき安全祈願である宣揚祭が麓で行われる

船通山DATA

●おすすめ登山シーズン
4月～11月
●トイレ
船通山山頂、亀石コース登山口
●駐車場
鳥上滝登山口の駐車場(約25台)
亀石登山口の駐車場(約25台)
●アクセス
庄原IC、東城ICより国道314号を約90分

●お問合せ (一社)山里Loadにちなん TEL0859-82-1715
島根県奥出雲町観光協会 TEL0854-54-2260

▲島根半島に横たわり、その盟主と言われる鼻高山からの眺めは抜群。伊努谷峠から鼻高山山頂の間で風車群が見える

出雲北山を縦走。島根半島の最高峰からの展望を堪能

鼻高山《はなたかせん》

体力度
★★★★

日程
半日

歩行時間
3時間25分

歩行距離
8.8km

累計標高差
約720m

標高
536.3m

「出雲国風土記」には「出雲御崎山（いずもみさきやま）」と記されている「北山」の峰。島根半島に横たわり、その盟主と言われる鼻高山からの眺めは抜群。それぞれの峰に至るルートが開拓されているが、ここでは旅伏山（たぶしさん）を経て中国自然歩道の尾根道を歩くコースに挑戦することにする。

出発点は康国寺近くの金山谷駐車場❶。ここからまず旅伏山を目指す。整備された階段状の登山道を登っていくと、1時間ほどで都武自神社（つむじじんじゃ）❷に着く。さらに進むと展望所に出る。広く平坦で、東屋が整備されている。太古には狼煙があげられた場所との伝承もある。斐伊川と出雲平野の眺めが美しい。15分ほどで旅伏山❸三角点を経て、比較的平坦な尾根道を進んでいく。

伊努谷峠❹がほぼ中間点となり、ここから鰐淵寺方面へ下ることもできる（鰐淵寺の敷地内通行には任意の自然保護協力金が必要）。もうひとがんばりして鼻高山❺へと登り切れば、宍道湖や出雲市街の眺望が広がる。

後は中国自然歩道から外れ、矢尾峠❻から一畑電車高浜駅❼へと下る。

ワンポイントアドバイス

山火事 注意

▲登山口は康国寺橋から川を右手に登ったところ。駐車場とトイレがある。アップダウンのあるルートがやや長めとなるため、中級者以上向き。鼻高山南側にある出雲市営天王山キャンプ場から登るルートもあり1時間半程度で山頂に着くことも可能だが、時間が短い分傾斜は急になる

コースMAP
START!
金山谷駐車場
WC
康国寺
国富町
都武自神社
旅伏山
456.5
広く平坦で、
東屋あり
伊努谷峠
中国自然歩道
別所町
鰐淵寺
比較的平坦な
尾根道
N
鼻高山山頂
536.3
矢尾峠
鳶が巣山
美談駅
431
大寺駅
159
矢尾町
坂が急なので注意
斐伊川
川跡駅
高浜駅
WC
一畑電車北松江線

▲都武自神社

▲旅伏山展望所からの展望

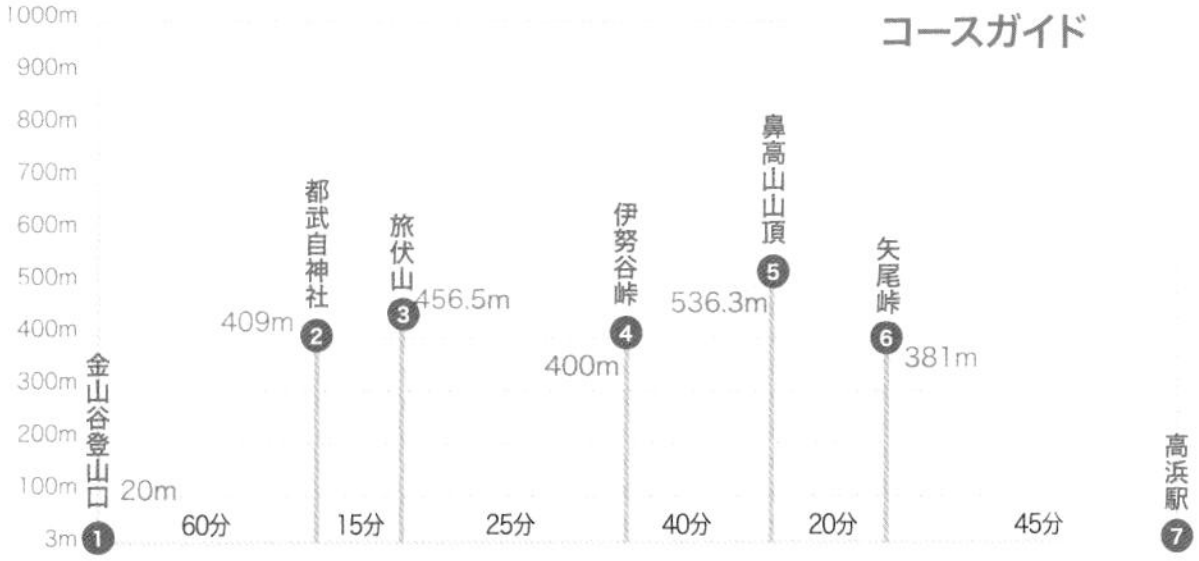
コースガイド
1000m
900m
800m
700m
600m
500m
400m
300m
200m
100m
3m
金山谷登山口 20m
都武自神社 409m
旅伏山 456.5m
伊努谷峠 400m
鼻高山山頂 536.3m
矢尾峠 381m
高浜駅
60分
15分
25分
40分
20分
45分

立ち寄りスポット

▼高浜駅から出雲大社駅までは3駅で10分足らず。出雲大社では60年ぶりの「平成の大遷宮」が行われ平成31年3月に修造が終わった。「縁結びの神様」として若者にも人気が高い

四季の魅力

▲出雲市街地から近く市民に親しまれている山だが、近年鹿による被害が多発しており、登山道の途中には鹿よけの柵と扉が設けられている箇所がある。獣害を防ぎ自然を守るとともに、人間と野生動物が共存していけるよう、扉は必ず閉めるように

鼻高山DATA

●おすすめ登山シーズン
1月〜12月
●トイレ
高浜駅・金山谷駐車場
●駐車場
金山谷駐車場
●アクセス
公共交通機関使用の場合一畑電鉄旅伏駅から金山谷の登山口までタクシーで3分または徒歩15分

●お問合せ 出雲市観光課 TEL0853-21-6995

▲竜崎からみえる嵩山。山頂からは瀬戸内の島々や遠く四国の山まで見渡せるパノラマを楽しむことができる

瀬戸内アルプスの絶景を大縦走

嘉納山《かのうざん》

標高684.9m

文珠山《もんじゅやま》

標高662.7m

嵩山《だけさん》

標高618.5m

体力度
★★☆☆

日程
半日

歩行時間
2時間40分

歩行距離
5.1km

累計標高差
531m

瀬戸の温暖な風土を象徴するかのように浮かぶ周防大島。600メートル級の山々が連なる周防大島アルプスは、文珠山、嘉納山、源明山、嵩山で形成されている。

コースは遊歩道としてしっかり整備されており、風光明媚な洋上の光景を楽しみながら縦走が可能。中部山岳地帯・日本アルプスにも劣らない魅力的な山歩きだ。

起点は文珠堂❶。一気に文珠山山頂❷へと登る。深山のおもむきがある登山道だ。早くも大島大橋や大畠瀬戸の絶景が楽しめる。ここから、周防大島の最高峰・嘉納山❸へと稜線をたどる。ところどころに土塁跡が見られる。

40分ほどで到着。ここから進路を左にとり嵩山へと進む。送信アンテナや休憩所を経ながら歩いていくと、車道に出る❹。ここから嵩山山頂❺へ最後のアプローチ。

山頂近くに駐車場があるため車で登ることが可能（ただし道幅が狭いため、すれ違う際は注意が必要）。このまま下山しても往路を戻っても良い。

ワンポイントアドバイス

▲嘉納山から南へ源明山へと縦走するコースも人気がある。源明峠まで下れば普通車は通れる道がある。山頂からは四国の眺めが良い

源明山

▲周防大島における最高峰である嘉納山の山頂には旧日本軍の砲台跡があり、山腹には岩屋観音が祀られている

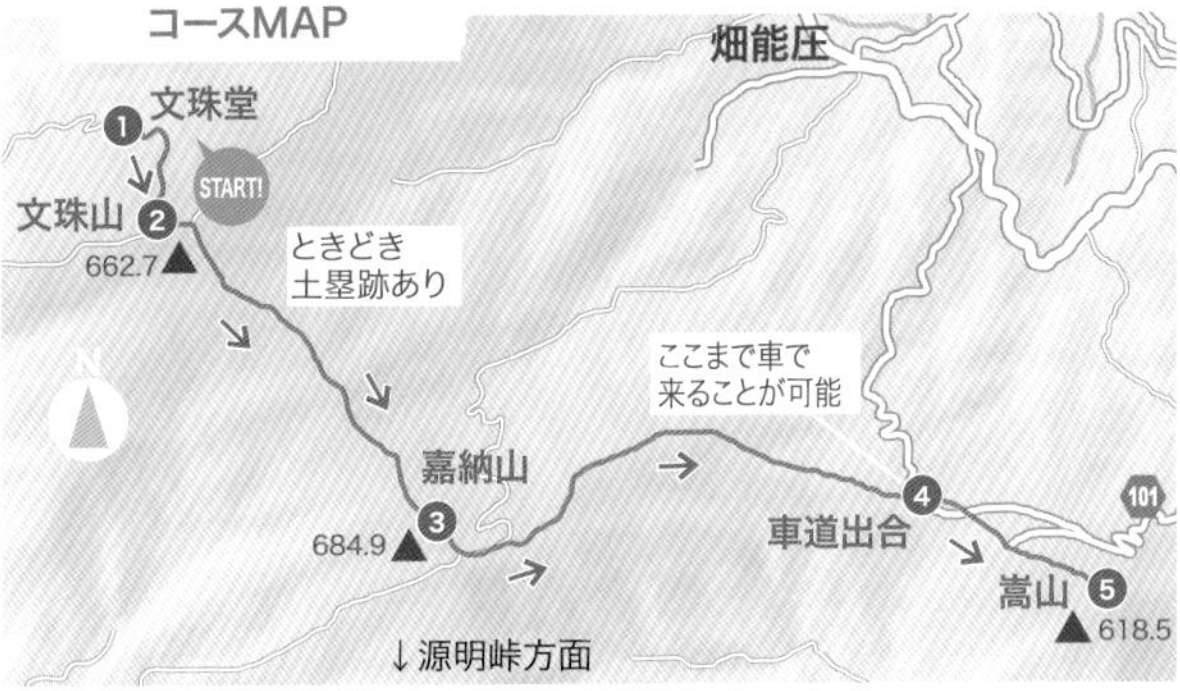
コースMAP
畑能庄
1 文珠堂
START!
文珠山 2
662.7
ときどき
土塁跡あり
N
嘉納山
3
684.9
ここまで車で
来ることが可能
4
101
車道出合
嵩山 5
618.5
↓源明峠方面

◀嵩山展望テラスから。大島富士と形容される嵩山は、車での登頂も可能。山腹には帯石観音が祀られている

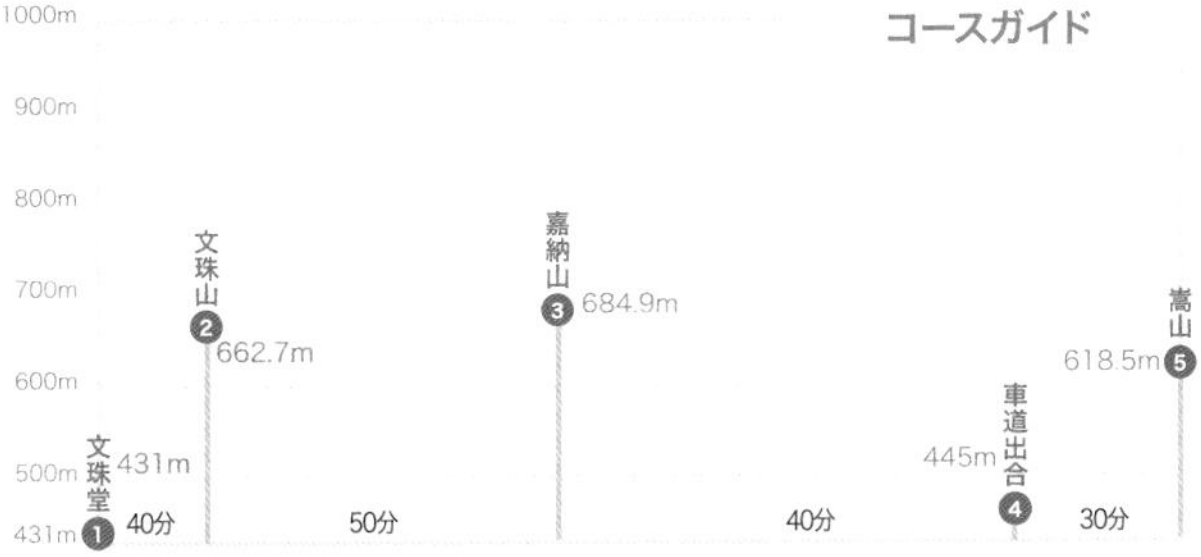
コースガイド
1000m
900m
800m
700m
600m
500m
431m
1 文珠堂 431m
40分
2 文珠山 662.7m
50分
3 嘉納山 684.9m
40分
4 車道出合 445m
30分
5 嵩山 618.5m

立ち寄りスポット

▼柳井市大畠と周防大島を結ぶ橋、大島大橋。大島側の瀬戸公園、飯の山からの見晴らしが良い。瀬戸の眺めを楽しもう

四季の魅力

▲出発点となる文珠堂は日本三文殊のひとつといわれ、境内の岩屋には十一面観音がまつられている。イチョウ、モミジ、ウラジロガシ、セトウチギボシなどの木がある

文珠山・嘉納山・嵩山DATA

●おすすめ登山シーズン
10月～7月

●トイレ
文珠堂駐車場、嵩山山頂駐車場

●駐車場
文珠堂駐車場(約10台)、嵩山山頂駐車場(約10台)

●アクセス
JR山陽本線大畠駅よりタクシーで30分。山陽自動車道玖珂ICより45分

●お問合せ 周防大島町商工観光課 TEL0820-79-1003

▲秋になると見事な紅葉が広がる林道。寂地峡は見事な渓谷美を見せてくれる。近くにある深谷峡温泉も人気が高い

寂地峡の渓谷美と山口県の最高峰

寂地山《じゃくちさん》

体力度
★★★☆

日程
終日

歩行時間
4時間40分

歩行距離
12km

累計標高差
964m

標高
1337m

寂地山の山体は山口県、広島県、島根県の三県の県境をなす。山頂からは広島の吉和冠山も近い。しかし比較的気軽に登れる山として、地元のみならず西日本一帯から山口県最高峰を訪れる登山者が多い。

スタートの寂地峡キャンプ場❶は、観光地としても人気が高い寂地峡の入口にあり、駐車場やトイレも備わっている。

舗装された林道を進み、道がヘアピンカーブするところに東屋がある、ここからいったん林道を離れ犬戻遊歩道❷に入る。状況次第で通行できない期間もあるため案内を要確認。左手に犬戻し渓谷、そして犬戻しの滝を見ながら再び林道へ。「犬も戻る」というだけあって、滝への道は険しそうだ。林道出合❸で滝の全景が見渡せる。左手に秋なら見事な紅葉が広がる林道を終点❹まで進みコンクリートの橋を渡ると登山道入り口。山頂❺付近まで一本道で、整備された遊歩道だ。寂地杉の巨木が素晴らしい。主尾根では展望はほとんどない。山頂もブナの林の中となっている。帰りは往路を辿る。

ワンポイントアドバイス

▲紅葉の見頃は10月下旬から11月上旬。犬戻遊歩道入口の東屋まで車で行くことができるが、駐車可能台数は3台程度。山頂から東へ縦走すれば吉和冠山

▲ルート途中の犬戻しの滝。遊歩道で滝つぼ近くまで行くことができる

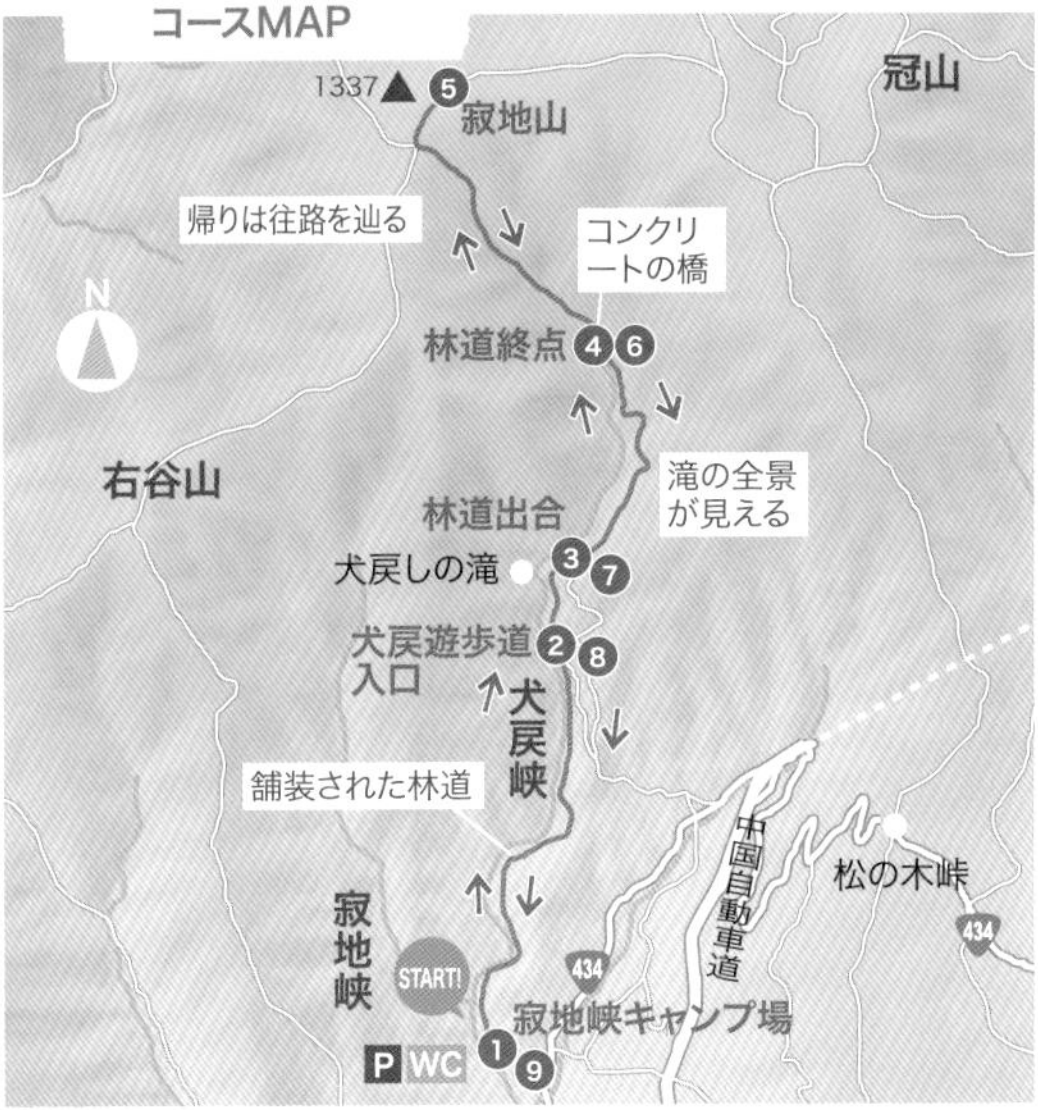
コースMAP
1337
5 寂地山
冠山
帰りは往路を辿る
コンクリートの橋
N
林道終点 4 6
右谷山
滝の全景が見える
林道出合
犬戻しの滝 3 7
犬戻遊歩道入口 2 8
犬戻峡
舗装された林道
中国自動車道
松の木峠
434
寂地峡
START!
P WC
寂地峡キャンプ場 1 9

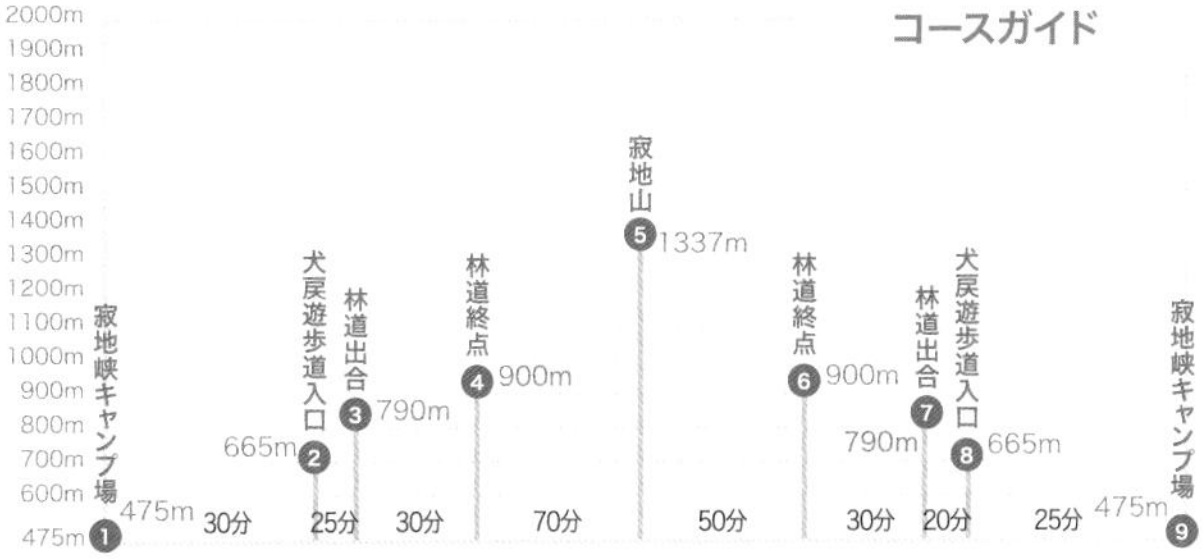
コースガイド
2000m
1900m
1800m
1700m
1600m
1500m
1400m
1300m
1200m
1100m
1000m
900m
800m
700m
600m
475m
1 寂地峡キャンプ場 475m
30分
2 犬戻遊歩道入口 665m
25分
3 林道出合 790m
30分
4 林道終点 900m
70分
5 寂地山 1337m
50分
6 林道終点 900m
30分
7 林道出合 790m
20分
8 犬戻遊歩道入口 665m
25分
9 寂地峡キャンプ場 475m

立ち寄りスポット

▼キャンプ場から、登山ルートとは反対の左手にある「五竜の滝」。そびえ立つ直立200mの奇岩、怪石の間を縫って幾多の滝があり入口より、竜尾の滝、登竜の滝、白竜の滝、竜門の滝、竜頭の滝が五竜の滝と称される

四季の魅力

▲なんと言っても秋の紅葉がお薦めだが、休日は観光客で混雑するのでそれなりの覚悟で。渓谷を彩る紅葉は素晴らしい。春はカタクリの花も愛らしい

寂地山DATA

●おすすめ登山シーズン
4月〜6月、9月〜11月

●トイレ
寂地峡キャンプ場

●駐車場
寂地峡キャンプ場※寂地峡の駐車場は多数有

●アクセス
錦川清流線錦町駅からタクシーで50分。中国自動車道吉和ICから車で25分、六日市ICから車で約50分

●お問合せ 岩国市役所錦総合支所地域振興課 TEL0827-72-2110
寂地峡案内所（4月1日から11月30日までの期間）TEL0827-74-0776

▲美祢市境に位置する西鳳翩山と対を成す山で、東鳳翩山はその秀麗な形から県都山口市のシンボルの一つになっている

山口の秀峰。「新日本百名山」の眺望を楽しむ尾根歩き

東鳳翩山《ひがしほうべんざん》

体力度
★★★☆

日程
終日

歩行時間
4時間10分

歩行距離
8.0km

累計標高差
800m

標高
734.2m

「新日本百名山」にも選ばれた人気の山だ。各方面から登れるが、ここでは錦鶏の滝からのルートを紹介しよう。

錦鶏の滝入口駐車場❶に車を置き約10分登ると錦鶏の滝に着く。

滝の右側の尾根道にとりつき、上の方で渓流を渡る。テープを頼りに進み、石造りの住居跡を過ぎ、沢沿いにテープを目印に巻道を登ろう。

やがて二ツ堂からの登山道❷に合流する。右に折れ、ほどなく主尾根鞍部❸に出る。ここを左手に山頂を目指す。主尾根では見晴らしの良い山歩きが満喫できるだろう。

東鳳翩山山頂❹では素晴らしい大パノラマを目にすることができる。進行方向には西鳳翩山が見通せる。

下山は、まず主尾根鞍部へと戻り、主尾根をそのまま北へと向かう。気持ちの良い尾根歩きを進むとショウゲン山との分岐❻に出るので右へ進む。萩往還の板堂峠❼まで一気に下り、峠から右へ進み車道を横切る❽。

萩往還の古道を辿って出発点に戻る。

ワンポイントアドバイス

▲山口市周辺で人気の高い山だけにルートもいくつかあり、登山者も多い。初心者に人気なのは二ツ堂登山口からで、道もわかりやすくゆっくり歩いて休憩を入れても2時間あれば山頂へ着くだろう。また山頂からは地蔵峠、油峠を経由しての西鳳翩山への縦走ルートもある。西鳳翩山山頂へは片道90分程度なので東鳳翩山山頂から往復しても良い

コースMAP
ショウゲン山
710.8
ショウゲン山分岐
6
7 板堂峠
8
車道出合
大切谷
主尾根ルート
62
鼓ヶ岳
萩往還
N
5
主尾根鞍部
3
734.2
4
東鳳翩山
六軒茶屋跡
錦鶏の滝
2
二ツ堂ルート分岐
途中荒れた箇所あり
四十二の曲がり
START!
P 錦鶏の滝入口駐車場
1 9

コースガイド
1000m
900m
800m
700m
600m
500m
400m
300m
200m
162m
1 錦鶏の滝入口駐車場 162m
80分
2 二ツ堂ルート分岐 468m
30分
3 主尾根鞍部 624m
20分
4 東鳳翩山 734.2m
15分
5 主尾根鞍部 624m
40分
6 ショウゲン山分岐 678m
20分
7 板堂峠 533m
5分
8 車道出合 494m
40分
9 錦鶏の滝入口駐車場 162m

立ち寄りスポット

▼「美肌の湯」として知られる湯田温泉。立ち寄り湯があるほか、無料の足湯も6カ所ある。登山で疲れた体を温泉で癒してみては。登山口より車で30分

四季の魅力

▲ススキなどのカヤトが広がる山頂を楽しむには、秋から初冬が良い。初夏はヤマツツジや若葉など。錦鶏の滝の眺めもgood！雄滝は約30m、雌滝は約7m。夏場でも涼を感じる

東鳳翩山DATA

●おすすめ登山シーズン
3〜6月、9〜12月

●トイレ
なし

●駐車場
錦鶏の滝入口に有

●アクセス
JR山口線山口駅より車で約25分。県道62号沿い。山口ICからは、県道21号、国道9号バイパスを経由して県道62号へ入る。所要時間約35分

●お問合せ 山口市観光交流課 TEL083-934-2810

▲山頂からの眺め。遊歩道には階段も多いので、低山とはいえ少々ハードな思いも…。しかし筋力はアップ！

本州南端、九州を遠望する縦走路

竜王山《りゅうおうざん》

体力度 ★★★☆

日程 半日

歩行時間 4時間30分

歩行距離 7.0km

累計標高差 634m

標高 613.9m

本州の南端、下関市の日本海寄りにある低山だが、響灘を眺めながらの山歩きが面白い。山の南側が一帯の水源地となっており、遊歩道などが整備されている。

深坂自然の森・森の家下関❶を出発点とする。深坂ダムへの水路をたどり、水天宮を経て見晴らし台との分岐❷へ。さらに進み紅葉谷公園の方向へ進んでいく。公園を抜け遊歩道の階段を上っていくと、縦走路との出合❸に到着する。

ツバキ、クヌギ、シイノキなどの樹林が並んでいる遊歩道を登っていく。急斜面をジグザグに登ると雌鋤先山❹に。展望が開け響灘が光って見える。さらに20分で鋤先山❺へ。そこから20分で一等三角補点が設置された竜王山山頂❻となる。

四方の展望が開け、北九州市沖合の響灘が目に入る。

若干後戻りし、森の家側に遊歩道を降りてもいいが、この地方の海神を祀る竜王神社上宮❼を経由してJR山陰線吉見駅❾に下る道もある。45分ほどで到着する。

ワンポイントアドバイス

▲分岐から登る途中に紅葉谷公園という整備された場所がある。上りは階段をひたすら上がっていくという感じなのでペース配分を考慮しながら

▲竜王山から見える深坂ダム

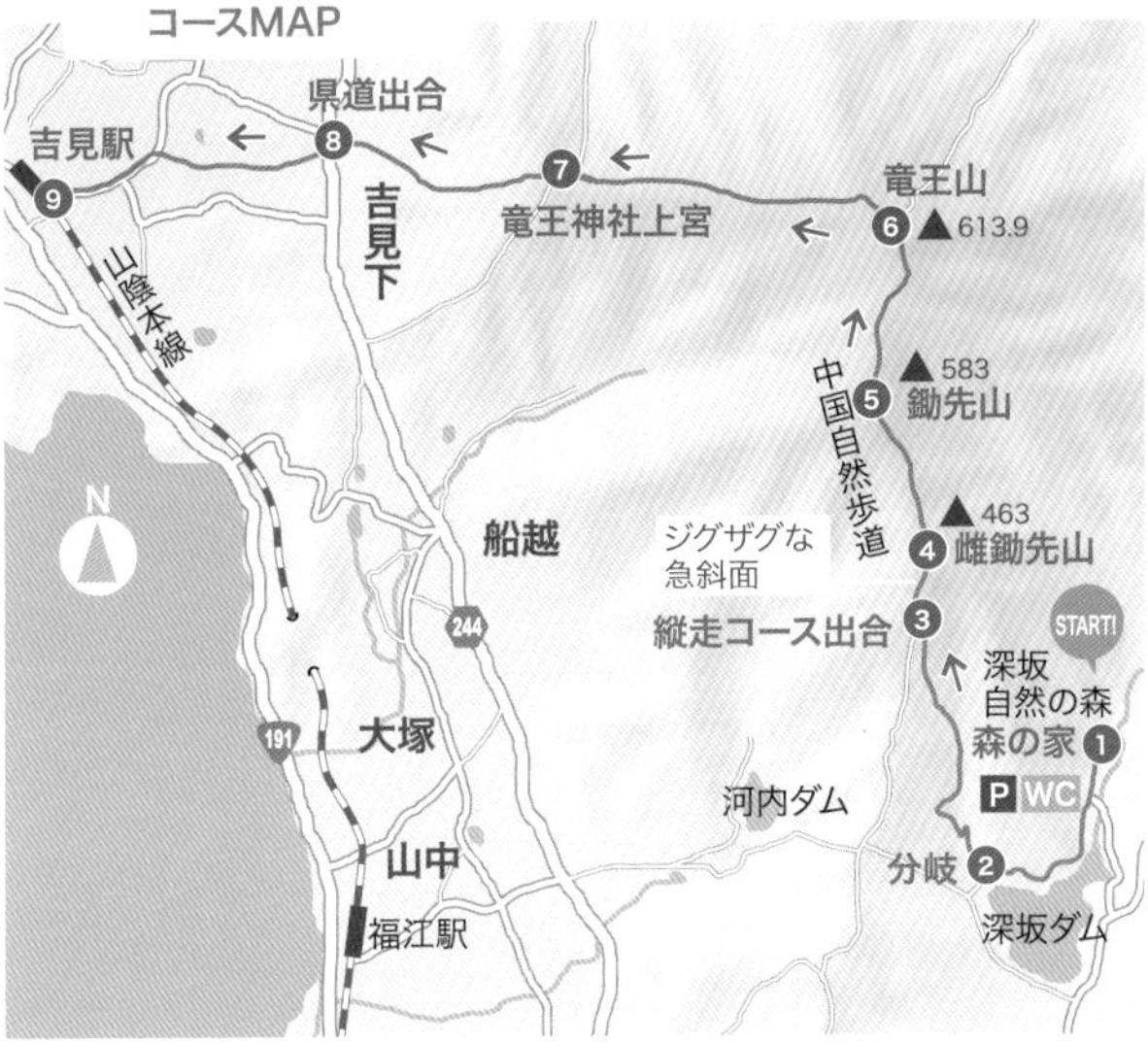

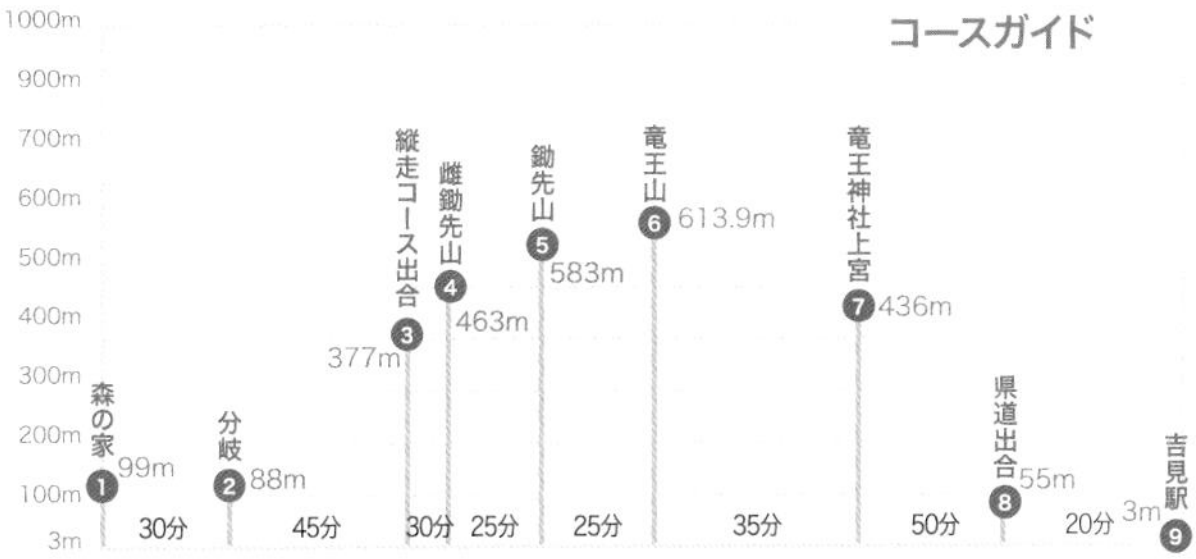

立ち寄りスポット

▼「みさか自然の森」はおよそ250ヘクタールの市有林内にある自然環境に恵まれた森だ。この中に森の家下関があり、様々な自然体験プログラムを実施。キャンプ場や研修施設も充実している。
問／山口県下関市大字蒲生野
TEL083-259-8555

四季の魅力

▲低山なので暑さが厳しい夏場は避けた方が良い。冬場もあまり積雪はないので、枯れ尾根からの眺望が良く、野鳥観察などにも適している。お花見に紅葉狩りにと市民に親しまれている

竜王山DATA

●おすすめ登山シーズン
9月～6月
●トイレ
深坂自然の森内
●駐車場
森の家駐車場
●アクセス
下関市内より県道247号蒲生野交差点より県道244号へ。信号を右折し深坂ダム方面へ

●お問合せ　深坂自然の森・森の家下関 TEL・FAX083-259-8555

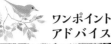

▲草原の中に露出した石灰岩柱が無数に広がり、独特の景観をつくる

展望のカルスト台地をトレッキング

龍護峰《りゅうごほう》

体力度
★★☆☆

日程
終日

歩行時間
4時間5分

歩行距離
10km

累計標高差
538m

標高
425.5m

日本最大級のカルスト台地である秋吉台は、巨大な石灰岩塊で形成され、地表に現れたピナクル（石灰岩柱）やドリーネ（擂鉢穴）が織りなす景観は、年間を通して多くの観光客を集めている。どちらかと言えば行楽地のイメージが強い秋吉台だが、草原の台地をめぐるトレッキングは、独特の味わいに満ちている。

　出発地である市営第一駐車場❶にはトイレもある。まず家族旅行村❷の方向へ向かう。キャンプ場などがある施設で、ここが龍護峰への登山口となる。右手に、西の西山を目指す。林の中をすすむと視界が開け草原に出る。山頂部も見えるので草原の中の緩斜面を登っていく。20分ほどで龍護峰への登山道との分岐点❸に出るので、ここから山頂❹を往復する。分岐点へ戻り、お椀を伏せたような御鉢山❻へ向かう。雄大なカルスト台地の眺めを楽しみながら、さらに秋吉台最高峰の龍護峰❼を目指す。山頂から見える のは360度の眺望だ。御鉢山への鞍部へ戻り、そこから家族旅行村方面へと下っていこう。

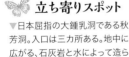

ワンポイントアドバイス

▲秋吉台家族旅行村にも駐車場があるので、こちらを利用すれば時間を短縮できる。 途中黒谷入口から秋芳洞に入り正面入り口へと下る方法もある

▲地表に現れた石灰岩柱

▲秋はススキの穂がゆれ、夏とは違った景観を見せる

コースMAP

4 西の西山
398
棚岩
242
若竹山
5 3 西の西山分岐
鬼の穴
秋吉台家族旅行村キャンプ場
P WC
ながしゃくり
242
家族旅行村入口
6 御鉢山
406
龍護峰
7
425.5
2
8
秋芳洞黒谷口
秋吉台科学博物館
242
START!
秋芳洞
P WC
市営駐車場
木ノ窪
9
1
秋芳洞入口
10

コースガイド

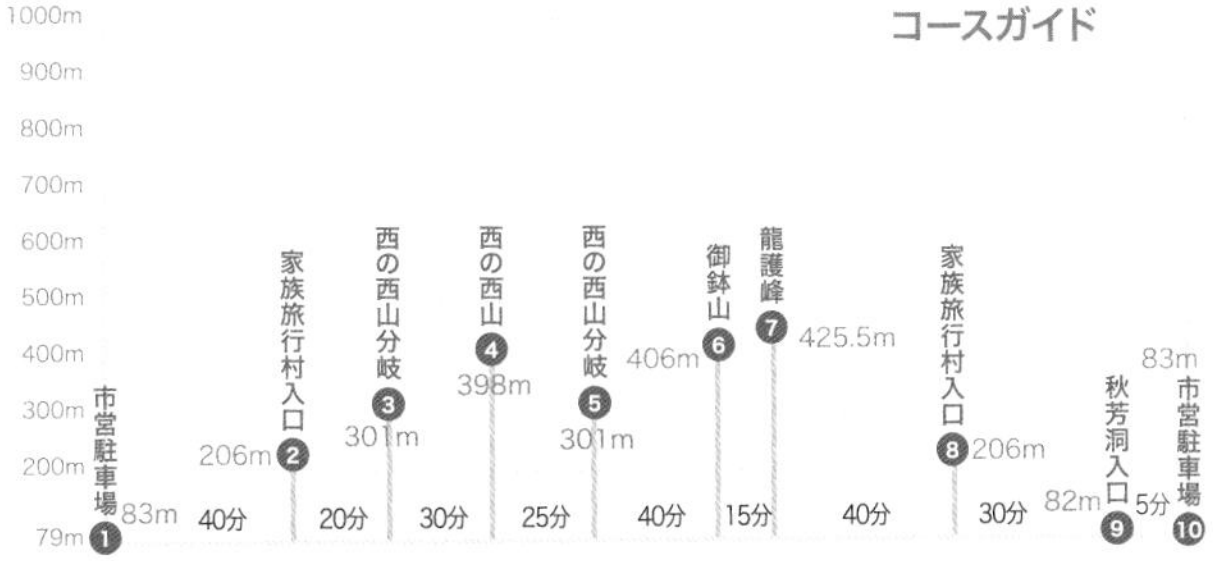

1000m
900m
800m
700m
600m
500m
400m
300m
200m
79m
1 市営駐車場 83m
40分
2 家族旅行村入口 206m
20分
3 西の西山分岐 301m
30分
4 西の西山 398m
25分
5 西の西山分岐 301m
40分
6 御鉢山 406m
15分
7 龍護峰 425.5m
40分
8 家族旅行村入口 206m
30分
9 秋芳洞入口 82m
5分
10 市営駐車場 83m

立ち寄りスポット

▼日本屈指の大鍾乳洞である秋芳洞。入口は三カ所ある。地中に広がる、石灰岩と水によって造られた光景は必見

四季の魅力

▲秋吉台の景観を守るために春先に野焼きが行われる。また秋はススキが草原に広がり、趣のある光景が展開する

龍護峰DATA

●おすすめ登山シーズン
10月〜6月

●トイレ
駐車場、展望台

●駐車場
市営駐車場ほか有料駐車場が多数有

●アクセス
JR新山口駅よりバスで43分。美祢ICより車で15分。中国自動車道美祢東JCT経由、小郡萩道路秋吉台ICより車で5分

●お問合せ (一社)美祢市観光協会 TEL0837-62-0115

column

山へ登る楽しみ

悪天候に見舞われたり、起伏が激しく登るのに苦労したりといった登山を終えた帰宅直後は、もう二度と行くものかと思うものの、しばらく経つとまた行きたくなるのが山登りの不思議な魅力です。むしろ登るのが困難で散々苦労した山ほど達成感が大きく、充実した感動と思い出があるものですよね。

さて、山の自然は四季折折、時間と天候の変化とともに刻々と表情を変え、いつも新しい感動を与えてくれます。頂上を征服した後に、山頂に吹く清々しい風を感じながら眺める景色も素晴らしいのですが、トレイルの途中にもたくさんの楽しい出会いがあります。森林限界を超えるような高

山でコーヒーを飲むための道具

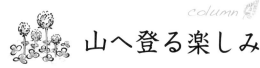

扇ノ山のブナの自然
林の中を進む

山は、樹木や草花が限られ豊かな自然の営みは少ないもの。むしろ低い里山などの方が動植物や水の流れがあって多彩な自然環境を持っています。脚光を浴びることが少ない身近な山にこそ、親しみがあり新しい発見があるものです。長いトレイルを歩き大量の汗をかいた後に、清流の冷たい水に触れ、持ってきたおにぎりを頬張る瞬間…。どこの一流レストランにも負けない美味しさを感じます。

　様々な感動や思い出を人に伝え記録するには、携帯電話のデジタルカメラで十分ですが、今は一眼レフカメラでも取り扱いやすいものが多いので、手軽に本格的な写真撮影に挑戦できます。見たことがない花や蝶、鳥たちをカメラで捉え、帰宅後にネットで検索し知ることも大きな楽しみです。また、雨の中でも使える防水手帳があるので、その時々の気持ちを一句の俳句に詠むのも面白いですよ。秘湯が湧き出る山もあるので、自然の中の露天風呂に浸かりながら一句をひねるといった、粋な登山もいいものです。山には自然から遠ざかった人の心を癒す感動が、いつでもあふれています。

四国地方の山

四国全土の7割は森林
瀬戸内の穏やかな海と太平洋の黒潮を望む
個性的な森、そして大地が
他所では味わえないひとときを
あなたにもたらしてくれる

四国地方
MAP

星ケ城山
P114
五色台
P112
飯野山
P110
屋島
P116
香川
丸笹山
P118
剣山
P14
徳島
三嶺
P120
白髪山
P124
野根山街道
P128
西赤石山・東赤石山
P106
伊予富士
P96
瓶ケ森
P98
石鎚山
P18
谷上山
P104
愛媛
高知
三本杭
P102
篠山
P100
天狗の森
P126
不入山
P122
横倉山
P130

▲町道瓶ヶ森線（UFOライン）がここから土小屋の間をつないでおり、連峰の縦走プランに利用できる

富士の名に恥じない大展望を山頂より望む

伊予富士《いよふじ》

体力度
★★☆☆

日程
終日

歩行時間
5時間10分

歩行距離
6.2km

累計標高差
745m

標高
1756m

石鎚連峰の中で屈指の展望を持つのが伊予富士だ。瓶ヶ森、三本杭、篠山とともに日本三百名山に選ばれている愛媛の山。もっとも高知県と県境を接しており、ここで紹介するのも高知側からのアプローチとなる。

しかし、石鎚山系の山であり、また伊予の名前を冠していることから愛媛の山として紹介する。

旧寒風山トンネルの高知側出口すぐに登山口❶がある。ここは寒風山の登山口ともなっている。

いきなりかなりの急登となるが、ペースをあせらずゆっくり進もう。桑瀬峠❷までは雑木林となっている。無論秋の紅葉は見事だ。

桑瀬峠から右に進めば寒風山となる。左に進み、笹尾根を伊予富士へと向かう。

支尾根❸を越すと眼前に伊予富士が現れる。いったん下って鞍部❹から一気に山頂❺へ。この山頂付近の山形はなるほど富士の名に相応しい。

石鎚連峰、太平洋、瀬戸内が指呼の間に見渡すことができる。帰りは往路を戻る。

ワンポイントアドバイス

▲尾根の下、高知側をUFOラインが走っているので、２台の車で登山口と下山口に配置すれば、よりバリエーションに富んだコースも可能だ

▲全体を見ると富士山とはイメージが異なるが、山頂付近がなるほど、という感じ

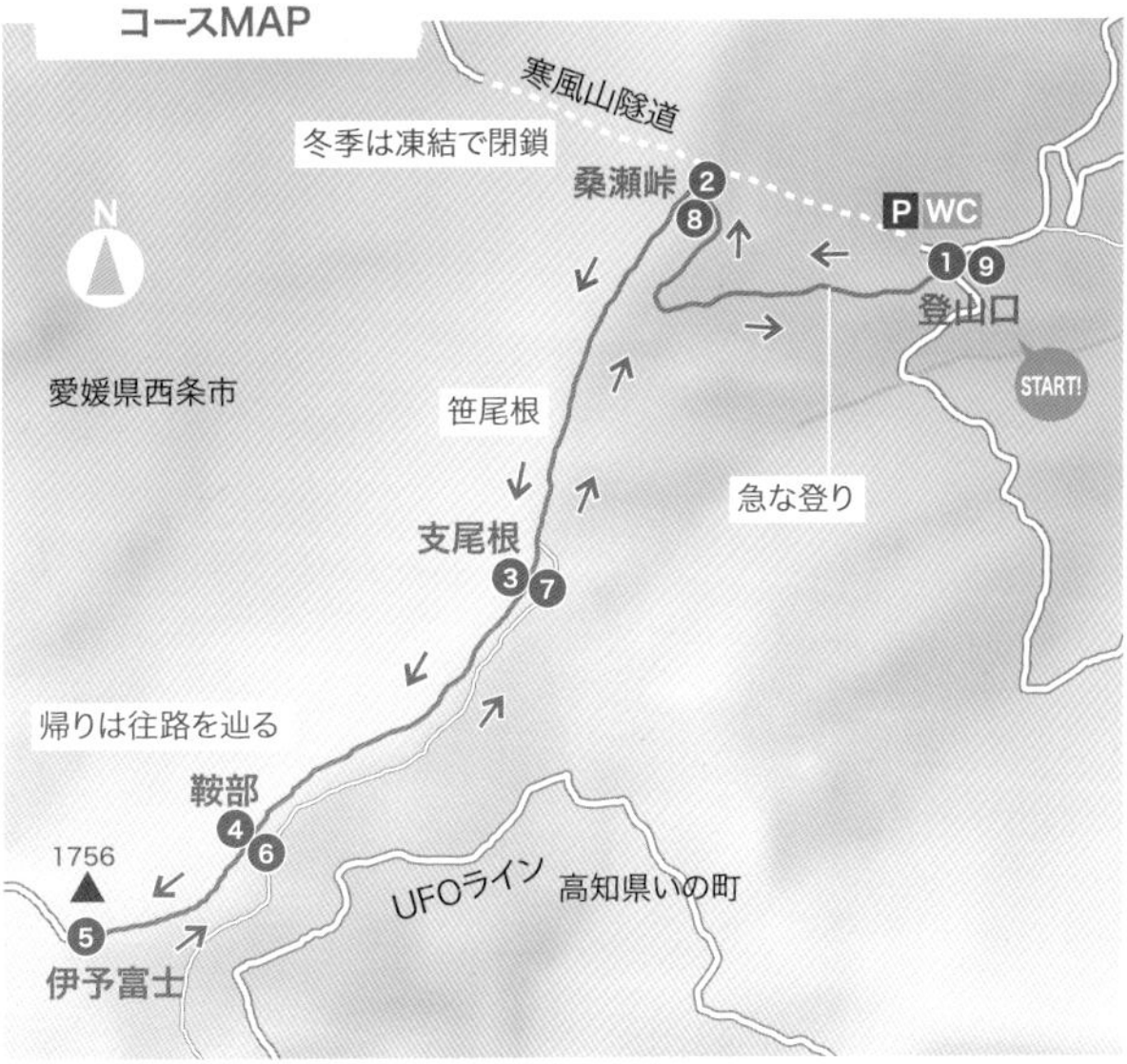
コースMAP
寒風山隧道
冬季は凍結で閉鎖
桑瀬峠
2
8
P WC
1 9
登山口
START!
N
愛媛県西条市
笹尾根
急な登り
支尾根
3 7
帰りは往路を辿る
鞍部
4
6
1756
5
伊予富士
UFOライン
高知県いの町

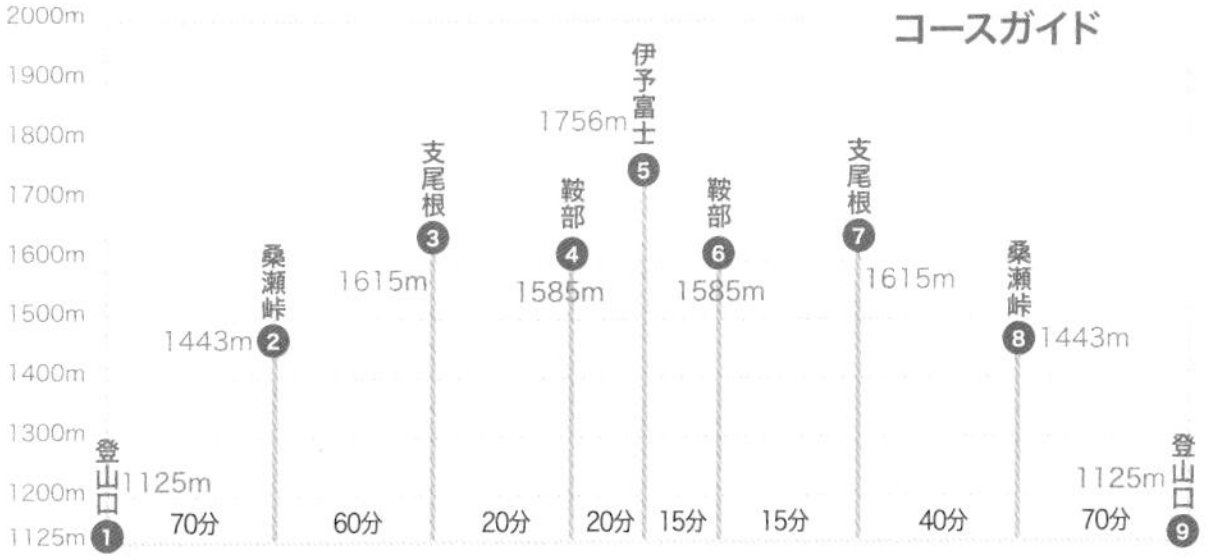
コースガイド
2000m
1900m
1800m
1700m
1600m
1500m
1400m
1300m
1200m
1125m
登山口 1 1125m
桑瀬峠 2 1443m
支尾根 3 1615m
鞍部 4 1585m
伊予富士 5 1756m
鞍部 6 1585m
支尾根 7 1615m
桑瀬峠 8 1443m
登山口 9 1125m
70分
60分
20分
20分
15分
15分
40分
70分

立ち寄りスポット

▼山岳観光の起点となっている「道の駅木の香」。併設の宿泊温泉施設「木の香温泉」では、渓流下りの基地としても県外客からの人気も高い。問／高知県吾川郡いの町桑瀬225-16
TEL088-869-2300

道の駅
木の香

四季の魅力

▲冬季はアプローチの道が凍結で閉鎖となる。夏場は多少の藪こぎが必要になる箇所も。秋の紅葉は色鮮やかだ

伊予富士DATA

●おすすめ登山シーズン
4月～11月
●トイレ
登山口
●駐車場
駐車スペース有
●アクセス
伊予西条駅より車で60分、高知自動車道伊野ICより2時間

▲寒風山より伊予富士を望む風景。はるか向こう画面上空に太平洋がみえる

●お問合せ いの町本川総合支所産業建設課 TEL088-869-2115
いの町観光協会 TEL088-893-1211

▲広大な笹原と点在するウラジロモミの林、白骨樹のコントラストが美しい

県下三位の人気の高峰で気軽にハイキング

瓶ケ森《かめがもり》

体力度
★★☆☆

日程
半日

歩行時間
2時間10分

歩行距離
3.2km

累計標高差
277m

標高
1896.5m

瓶ヶ森は石鎚国定公園の一部で石鎚山系の山である。標高1896.5メートルは二ノ森に次いで県下第三位だ。人気も高く、ハイシーズンには観光客を含む多くの人が訪れる。

かつては東之川コース、西之川コースなどが一般的であったが、いの町道瓶ヶ森線の開通によって一気に高度1670メートルまで車で来ることができるようになった。

町道沿いの駐車場❶に車を停め、瓶ヶ森山頂❷を目指す。最高地点は女山と呼ばれ、途中小高くなっているところが男山と呼ばれる。岩峰鋭いところから名づけられたのだろう。その先はなだらかな尾根を進み(女山)山頂へ。四国の山並みと瀬戸内の海が一望できる絶景を堪能。

コメツツジの間を氷見二千石原の広大な笹原を見ながら下る。途中眺望スポットで石鎚山の姿を見ることができるだろう。瓶ヶ森避難小屋❸前まで降り、氷見二千石原を周る。分岐❹から右へ進路をとり白石小屋❺(休業中)経由で瓶壺❻へ。やや登って駐車場へと戻る。

ワンポイントアドバイス

▲2017年に旧瓶ヶ森ヒュッテ跡に避難小屋と環境配慮型トイレが完成。避難小屋は悪天候時の一時避難を目的にした無料開放施設。トイレは4月中旬～11月中旬まで利用可。マナーやルールを守り、モラルを持った利用を。使用後の清掃も忘れずに。

▲瓶壺。岩にぽっかりと穴があいていて、そこに清水が。美味の水として汲みにくる人も多い

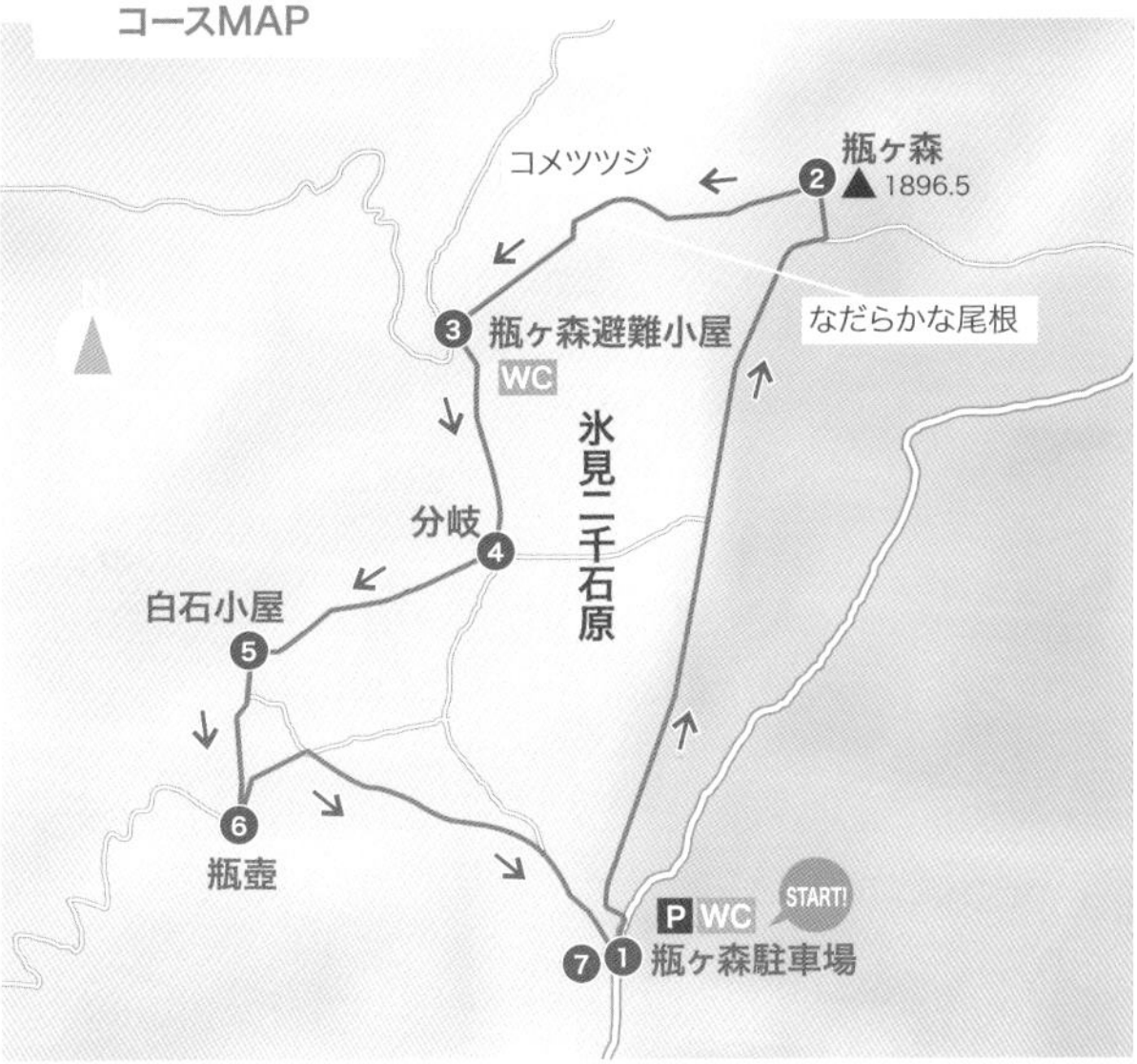
コースMAP
瓶ヶ森
1896.5
コメツツジ
瓶ヶ森避難小屋
WC
なだらかな尾根
氷見二千石原
分岐
白石小屋
瓶壺
P WC
START!
瓶ヶ森駐車場

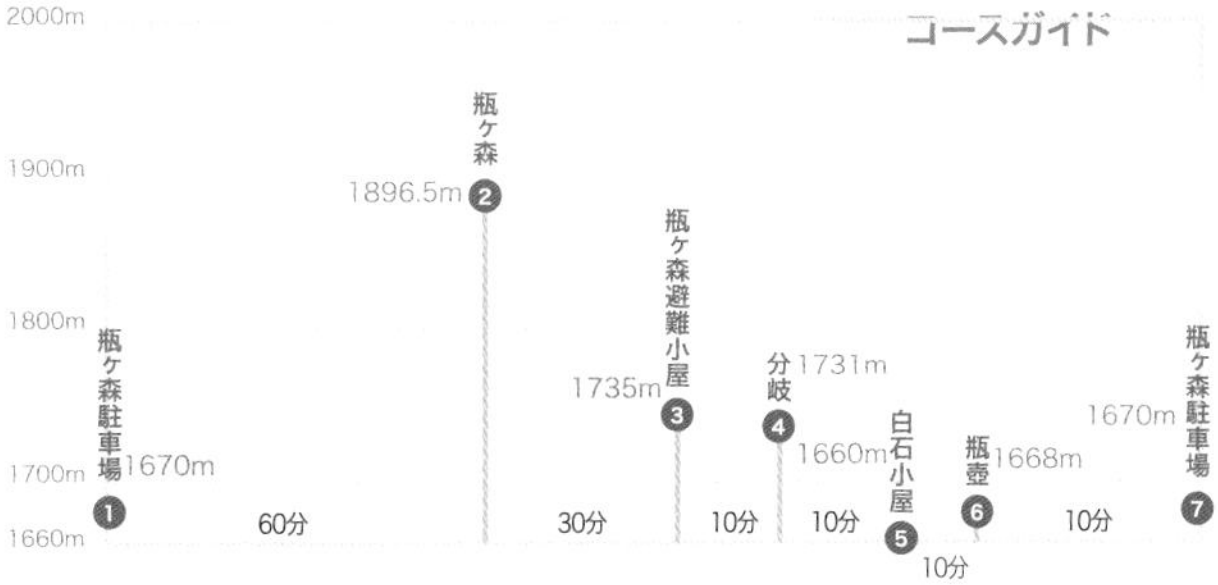
コースガイド
2000m
1900m
1800m
1700m
1660m
瓶ヶ森駐車場 1670m
瓶ヶ森 1896.5m
瓶ヶ森避難小屋 1735m
分岐 1731m
白石小屋 1660m
瓶壺 1668m
瓶ヶ森駐車場 1670m
60分
30分
10分
10分
10分
10分

立ち寄りスポット

▼瓶ヶ森は高知県いの町との県境に位置し、尾根の高知側を走るいの町道瓶ヶ森線は、旧寒風山トンネル高知県側出口より、石鎚スカイライン終点まで延長27kmの舗装林道である。晴れた日には石鎚連峰や、土佐湾まで遠望できる

四季の魅力

▲瓶ヶ森と石鎚山は愛媛の山で双璧をなす人気だ。それぞれから眺める山の姿はまた格別。夏の緑、秋の紅葉、そして冬枯れ。それぞれの趣を楽しむ

瓶ヶ森DATA

●おすすめ登山シーズン
4月～11月
●トイレ
瓶ヶ森駐車場、瓶ケ森避難小屋
●駐車場
瓶ヶ森駐車場
●アクセス
松山自動車道いよ小松ICより新寒風山トンネル～いの町道瓶ヶ森線経由2時間

●お問合せ 西条市観光振興課 TEL0897-52-1690
西条市観光物産協会 TEL0897-56-2605

▲山頂付近にはアケボノツツジの群落がある。ピンクの花が可愛い

四国で最西南にある一〇〇〇m級の山

篠山《ささやま》

体力度
★★★☆

日程
終日

歩行時間
5時間15分

歩行距離
6.5km

累計標高差
767m

標高
1064.6m

足摺宇和海国立公園の中に位置し、古くから南伊予で山岳信仰の対象とされてきた。四国の西南エリアにある1000メートル級の山としては最南にあり、地域で一番高い山であることが理由かもしれない。

頂上には篠山神社が鎮座している。室町時代からの歴史を持ち「オササ」という名称で親しまれてきた。祓川温泉まではコミュニティバスが通っているが、マイカーでのアプローチが無難だろう。

焼滝近くの登山口❶周辺に若干の駐車スペースがある。岩場などの急坂を登っていくと尾根❷に出る。尾根筋を直登で進む。左に大きく回り込んで進み県境の尾根❸に出る。向こう側は高知県だ。

尾根道をそのまま進んで篠山神社に。山頂❹には予土国境の大きな標柱が立っている。また「矢筈の池」と呼ばれる水たまりもある。

帰りは往路を辿るが山頂周辺にはトラバース道があり、観世音寺跡を経由して下ることもできる。そのまま高知側に下ればすぐに車道となる。

ワンポイントアドバイス

▲高知側には篠山トンネルに通じる林道が山頂のすぐ下まで来ている。ここで紹介しているルートのはじめの方は道が荒れている箇所もあるので気をつけたい

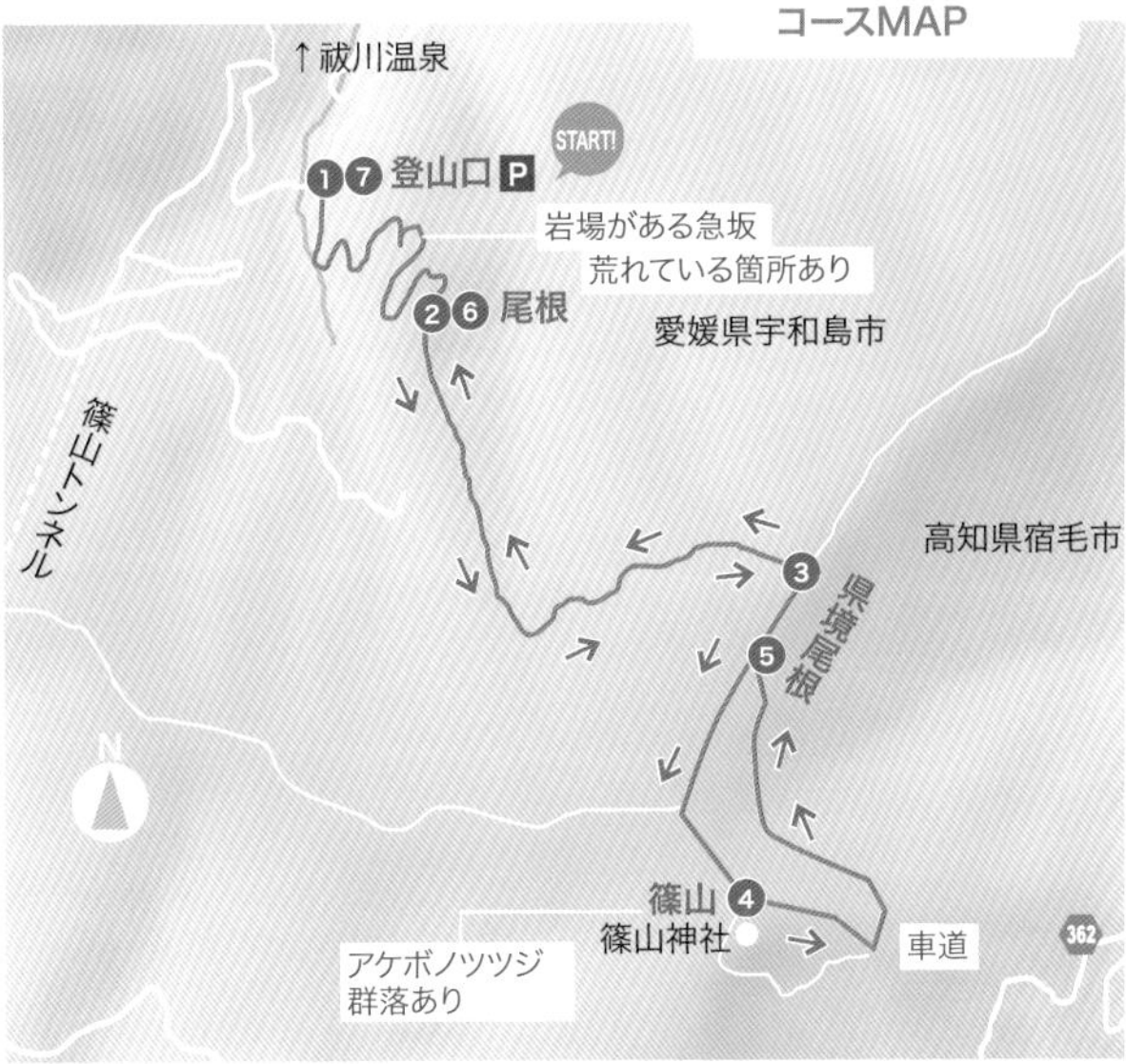
コースMAP
↑祓川温泉
START!
❶❼ 登山口 P
岩場がある急坂
荒れている箇所あり
❷❻ 尾根
愛媛県宇和島市
篠山トンネル
高知県宿毛市
❸
県境尾根
❺
N
篠山 ❹
篠山神社
アケボノツツジ群落あり
車道
362

▲登山道入り口には看板が立っていてわかりやすい

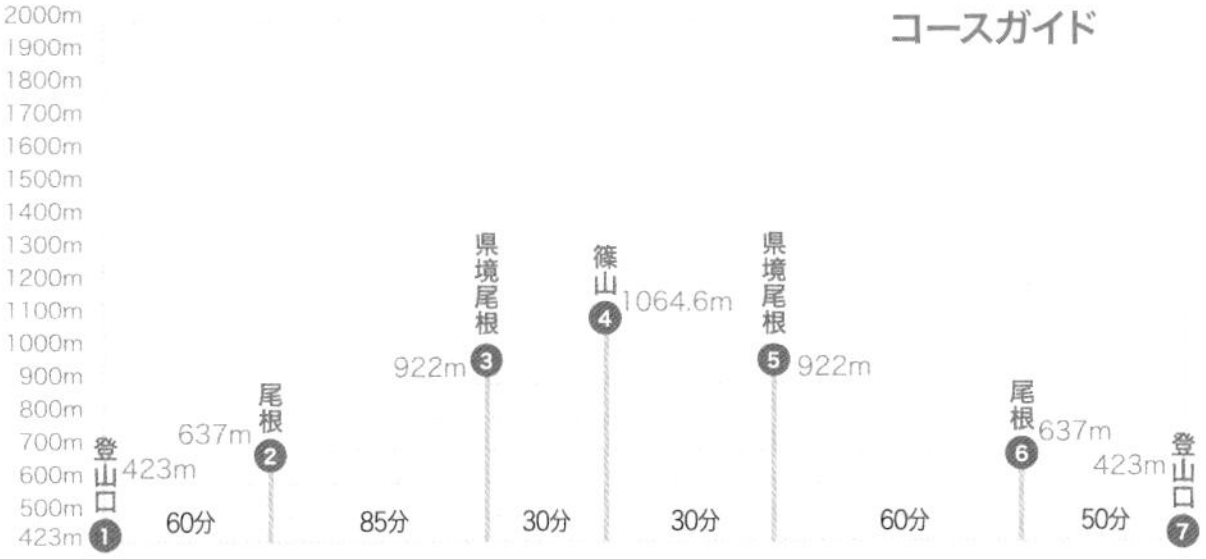
コースガイド
2000m
1900m
1800m
1700m
1600m
1500m
1400m
1300m
1200m
1100m
1000m
900m
800m
700m
600m
500m
423m
登山口 ❶ 423m
60分
尾根 ❷ 637m
85分
県境尾根 ❸ 922m
30分
篠山 ❹ 1064.6m
30分
県境尾根 ❺ 922m
60分
尾根 ❻ 637m
50分
登山口 ❼ 423m

立ち寄りスポット

▼自然豊かな環境に囲まれ、建物はロッジ風でぬくもりがある祓川温泉。温泉は硫黄の効用で素肌に潤いが持続する。大人/400円、小学生以下/100円。宇和島駅よりバスで30分、岩松営業所でコミュニティバスに乗り換え40分、祓川温泉下車すぐ。
問／TEL0895-36-0333

四季の魅力

▲なんといってもアケボノツツジがこの周辺の山の魅力だ。篠山にも頂上付近に群落や巨木がある

篠山DATA

●おすすめ登山シーズン
3月～6月、9月～12月
●トイレ
なし
●駐車場
登山口近くに谷を埋めたスペース有
●アクセス
宇和島市内から国道56号、県道4号経由1時間20分

●お問合せ 宇和島市 産業経済部商工観光課観光係 TEL0895-24-1111(代)

▲なだらかなシルエットを持つ。自然林がそのまま残されている貴重な山でもある

渓谷美を堪能し展望の山頂へ

三本杭《さんぼんぐい》

体力度
★★★★

日程
終日

歩行時間
7時間

歩行距離
10km

累計標高差
934m

標高
1225.7m

足摺宇和海国立公園の一角にある滑床渓谷は、木々の葉色が川の水面に映える渓谷美で知られる。ここから目指す三本杭のコースは四国でも人気が高い。

　渓谷入口の万年橋❶から渓谷に沿った遊歩道をしばらく歩くと日本の滝百選にも選ばれた雪輪の滝があり、そばの展望台❷から全景が見える。二ノ俣と本流の出合は奥千畳❸と呼ばれ、広々とした滑の上を水が流れている光景を見ることができる。二ノ俣沿いの道から高度を上げていく。沢の水が枯れ、ブナの林を行くと尾根道に達する。熊のコル❹だ。

　左へ折れ三本杭❺へ。一気に傾斜が強まる。鞍部に達し左手に頂上が広がる。頂上は広々としていて、眺望は良く、大気の澄んだ快晴の日には、西の豊後水道の彼方に九州の山々が遠望できる。

　下りは桧尾根コースを万年橋へと戻ろう。ブナ林の道を行くとシャクナゲの群落がある場所も。シーズンには花を楽しみたい。御祝山❻を経てやや急な下り坂となる。かなりの距離を歩いていくので慎重に下っていこう。

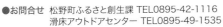

ワンポイントアドバイス

▲滑床渓谷の雪輪の滝。そばには休憩所（展望台）がある。流れ落ちる水紋が雪の輪の様に見えることから名付けられた

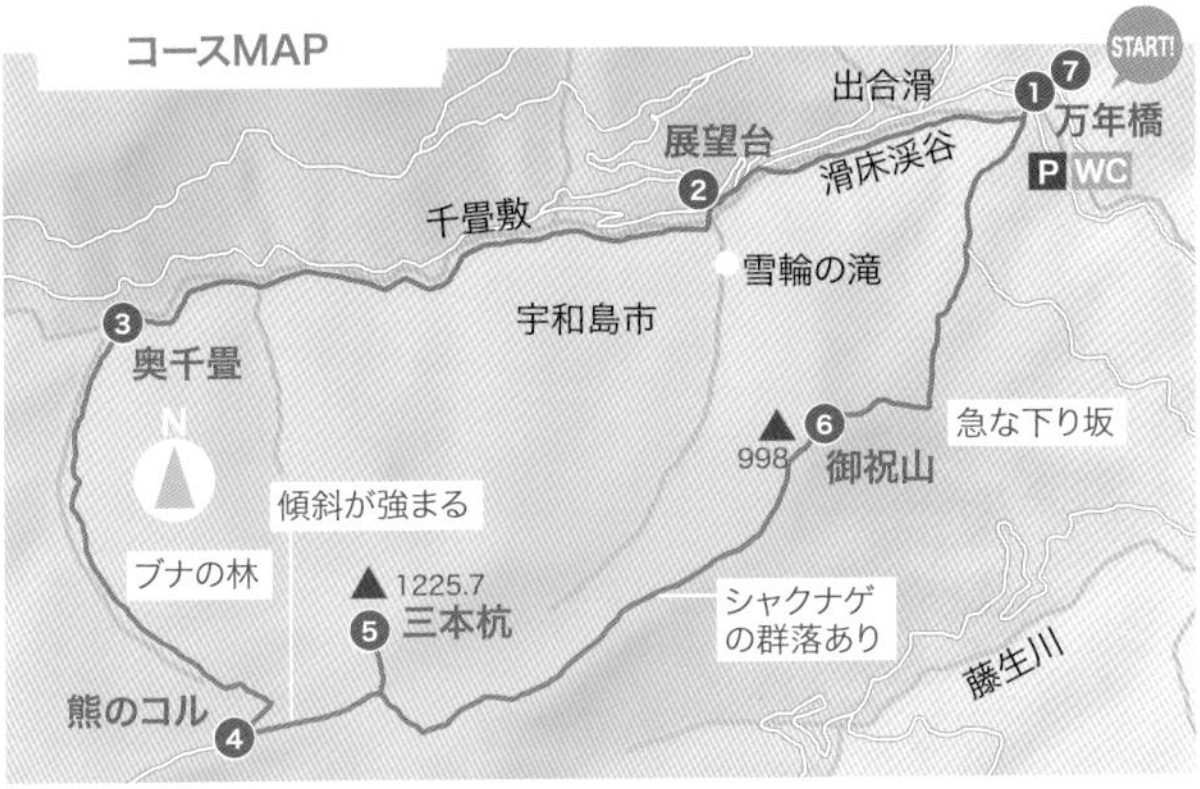
コースMAP
START!
出合滑
1
7
万年橋
P WC
展望台
2
滑床渓谷
千畳敷
雪輪の滝
宇和島市
3
奥千畳
N
998
6
御祝山
急な下り坂
傾斜が強まる
ブナの林
1225.7
5
三本杭
シャクナゲ
の群落あり
藤生川
熊のコル
4

三本杭

◀三本杭という名前の由来は、江戸時代宇和島藩、吉田藩、土佐藩の三本の境界標柱のあった山が近くにあったことからきているようだ。西の鬼ヶ城山に至る山系は南予アルプスの呼び名を持つ

▲二ノ俣と本流の出合、奥千畳の風景。滑らかな花崗岩の上に水が流れている

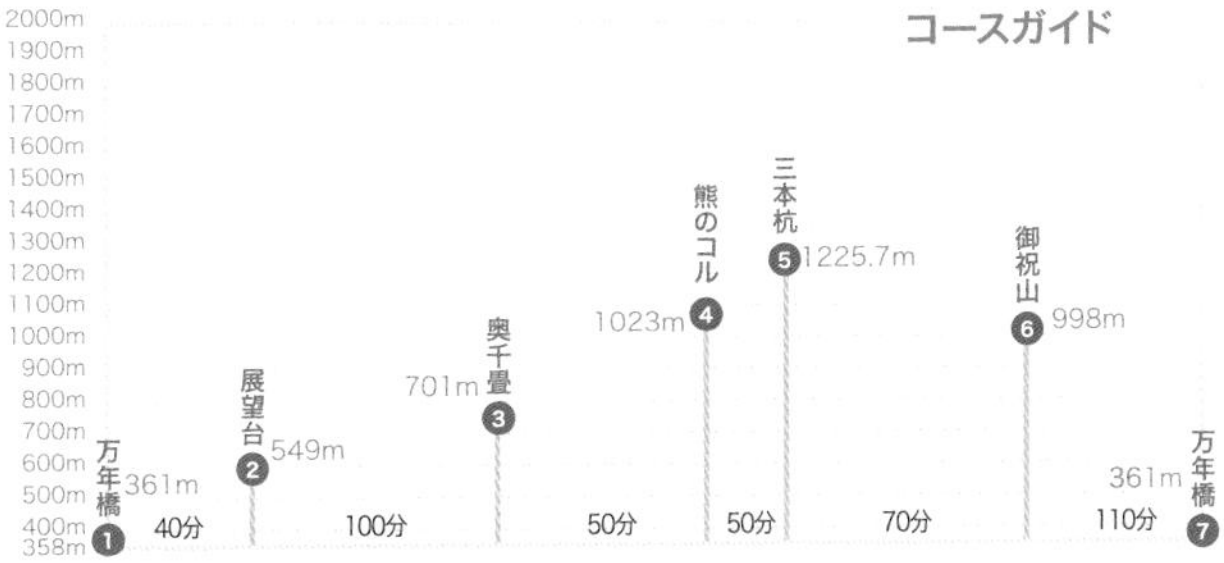
コースガイド
2000m
1900m
1800m
1700m
1600m
1500m
1400m
1300m
1200m
1100m
1000m
900m
800m
700m
600m
500m
400m
358m
1 万年橋 361m
2 展望台 549m
3 奥千畳 701m
4 熊のコル 1023m
5 三本杭 1225.7m
6 御祝山 998m
7 万年橋 361m
40分
100分
50分
50分
70分
110分

立ち寄りスポット

▼滝を滑ったり、登ったり、滝壺に飛び込んだり、あるいはゆっくり川に浮いたりとアクティブに川遊びを楽しむキャニオニングを滑床渓谷で体験できる。問／TEL0895-49-1535（滑床アウトドアセンター）

四季の魅力

▲3月のアケビから始まり、アケボノツツジ、シャクナゲ、ヤマツツジと、初夏まで様々な花木が見ごろとなる。ブナの新緑も渓谷美を形成して美しい

三本杭DATA

●おすすめ登山シーズン
3月～5月、9月～11月

●トイレ
滑床渓谷入口・雪輪の滝展望台

●駐車場
万年橋（100台）

●アクセス
松山自動車道三間ICより県道57号と国道320号・381号を滑床渓谷方面へ車で約30km

●お問合せ 松野町ふるさと創生課 TEL0895-42-1116
滑床アウトドアセンター TEL0895-49-1535

▲大谷池の向こうにそびえるのが谷上山。山頂付近は谷上山公園として整備されている

森林公園から桜の名所へとハイキング

谷上山《たがみさん》

体力度
★★☆☆

日程
半日

歩行時間
3時間

歩行距離
7km

累計標高差
465m

標高
455.5m

谷上山は伊予市の市街地中心部から南東約4キロに位置し、皿ヶ峰連峰県立自然公園の一部となっている。

山頂付近は谷上山公園として整備され、子どもの遊具や展望台があり、車で行くこともできるため夜景を楽しむ市民も多い。

麓の大谷池は昭和17年に完成した灌漑用のため池。この湖畔にえひめ森林公園❶があり、キャンプやレクリエーション、体験学習などの施設となっている。この園内を出発点とし、複数ある遊歩道からアカマツなどの樹林の中を谷上山第一展望台跡❷へと登っていく。現在展望台は撤去され更地になっている。さらに宝珠寺へと進み、山門❸から山道へ入る。墓地の右に登山道が尾根に沿ってつけられているので踏み跡をたどる。

伊予農業高校の演習林の杭があるところで左に折り返したら、杉林の中をジグザグと上がり山頂❹に到着する。

戻りは山門から左へ下っていこう。遊歩道に入って登る第二展望台❻からは遠く松山市の様子と伊予灘を望む。

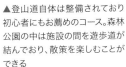

ワンポイントアドバイス

▲登山道自体は整備されており初心者にもお薦めのコース。森林公園の中は施設の間を遊歩道が結んでおり、散策を楽しむことができる

▲森林公園内の第二林間広場。広い園内には起伏があり、体力づくりのウォーキングにも良い

▲第二林間広場から見る松山市の眺望

コースMAP
START!
大谷ダム
えひめ森林公園
7 1
P WC
第二展望台
6
アカマツなどの樹林
2
第一展望台跡
車道
5 3 山門
墓地
宝珠寺
4 谷上山

▲第二展望台には無料の望遠鏡も設置されている

コースガイド
1000m
900m
800m
700m
600m
500m
400m
300m
200m
112m
1 えひめ森林公園 119m
2 第一展望台跡 326m
3 山門 325m
4 谷上山 455.5m
5 山門 325m
6 第二展望台 298m
7 えひめ森林公園 119m
60分
20分
30分
20分
20分
30分

立ち寄りスポット

▼宿泊、レストラン、日帰り入浴も可能な大浴場などを備えたウェルピア伊予。地上50mの展望タワー内に展望ラウンジもある。
問／愛媛県伊予市下三谷1761-1
TEL089-983-4500

四季の魅力

▲谷上山公園の桜は市内随一のお花見スポット。眼下に街なみを楽しみながら、桜吹雪の中に身を置こう。紅葉も趣がある

谷上山DATA

●おすすめ登山シーズン
1〜5月、9〜12月

●トイレ
えひめ森林公園、谷上山公園広場、第二展望台下

●駐車場
駐車スペース有

●アクセス
松山市内中心部から約15km
車で40分

●お問合せ 伊予市役所 TEL089-909-6360(谷上山公園)
えひめ森林公園管理事務所 TEL089-983-3069

テント泊をして東赤石山〜西赤石山を縦走

西赤石山《にしあかいしやま》 東赤石山《ひがしあかいしやま》

体力度
★★★★

日程
1泊2日（テント泊）

歩行時間
1日目:4時間30分
2日目:4時間45分

歩行距離
14km

累計標高差
約1382m

東赤石山 標高 1706m
西赤石山 標高 1626m

▲平岩からの西赤石山。中央付近がかぶと岩

それぞれの個性を持つ両山

同じ「赤石山」の名がついているが、歴史、地質、地形などがそれぞれ異なる東赤石山と西赤石山。両山とも人気が高い。東赤石山近くの「天狗の庭」に建つ赤石山荘は54年にわたり親しまれてきたが、２０１９年年末に閉鎖したので、その近辺でテント泊に挑戦。赤石山荘裏側の水場が利用できる。

またルート周辺は別子銅山として栄えた歴史も持つ。その跡も訪ねる。

▶険しく見えても必ず巻道や登れるルートがあるので、目印を頼りにあわてずに

一日目・筏津から東赤石山へ

筏津登山口❶の近くには「別子観光センター」があったが閉鎖されている。マイカーの場合ここの駐車場を利用する。

瀬場谷❷の渓谷沿いの道をたどり2時間ほどで八巻山の岩峰群が見えてくる。

山頂下の鞍部に閉鎖した赤石山荘があるが、まずは巻道❸を進んで東赤石山山頂❹を目指そう。岩尾根となっているので十分注意しながら歩きたい。

▲赤石山荘の上方にある八巻山

▼アケボノツツジは赤石山系で最も人気の高い花。例年5月上旬に開花する

山頂からは瀬戸内海や石鎚山方面が見える。少し先の三角点からの眺めが良い。

稜線を伝って八巻山❺へ。一帯は地下100キロ以上の深部から約5千万年前に地表まで上昇し露出した東赤石カンラン岩体で形成され、迫力ある岩陵地帯の姿を見せる。

八巻山から赤石山荘❻に下る。周囲は初夏から夏にかけては高山植物の花々が、また5月にはアケボノツツジが美しい。

二日目

稜線を西赤石山から銅山越へと目指す。

途中、前赤石山があるが、山頂の岩場は急な登り下りとなるので、自信がなければそのままルートを進んで構わない(石室越❼)。物住頭❽付近はツガザクラも。

アップダウンが多く、途中急な部分もあるので、あせらずに自分のペースで安全を確保しながら進もう。

西赤石山山頂❾からは、時間に余裕があればかぶと岩へ下ろう(約10分)。アケボノツツジや紅葉の絶景ポイントだ。東山を経て銅山越❿へ。少し下ると別子銅山発祥の地である歓喜坑跡に出る。

小足谷川沿いに道を下り別子ダム近くの日浦登山口⓫に到着する。

▶物住頭から望む夏の西赤石山。この稜線を縦走し銅山越へと至る

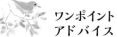

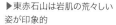

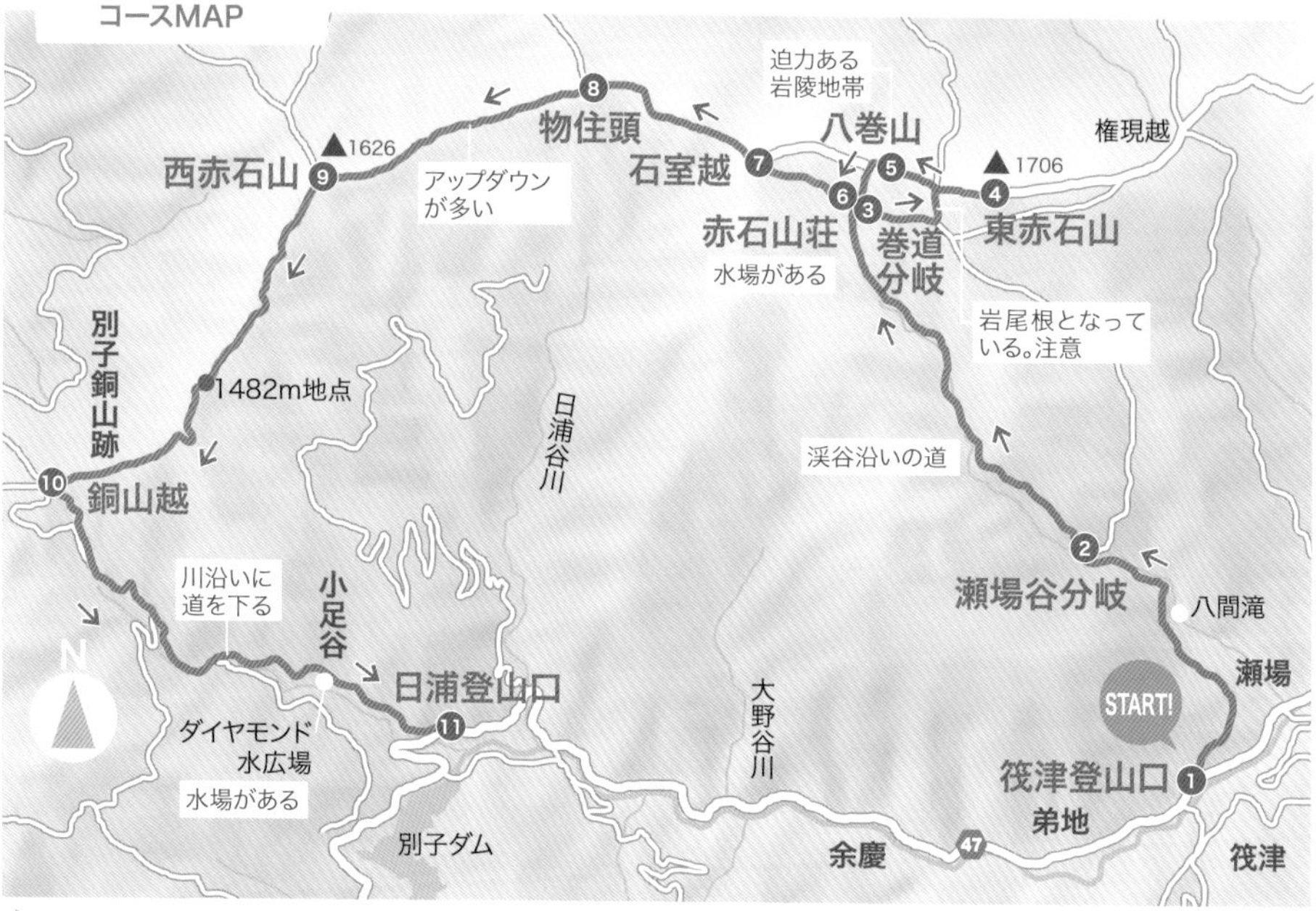
コースMAP
迫力ある
岩陵地帯
八巻山
権現越
物住頭
石室越
1626
西赤石山
1706
東赤石山
赤石山荘
水場がある
巻道
分岐
アップダウン
が多い
岩尾根となって
いる。注意
別子銅山跡
1482m地点
渓谷沿いの道
銅山越
日浦谷川
瀬場谷分岐
八間滝
川沿いに
道を下る
小足谷
日浦登山口
瀬場
START!
ダイヤモンド
水広場
水場がある
大野谷川
筏津登山口
弟地
別子ダム
余慶
47
筏津
N

ワンポイントアドバイス

▲小屋周辺ではテント泊が可能だが、装備を運ぶ体力が必要となる。悪天候でのテント泊は風でテントを潰されたり雨が入ってきたりと過酷なので、注意が必要

▲八巻山直下にある閉鎖した赤石山荘。周辺は天狗の庭とよばれロックガーデンとなっている

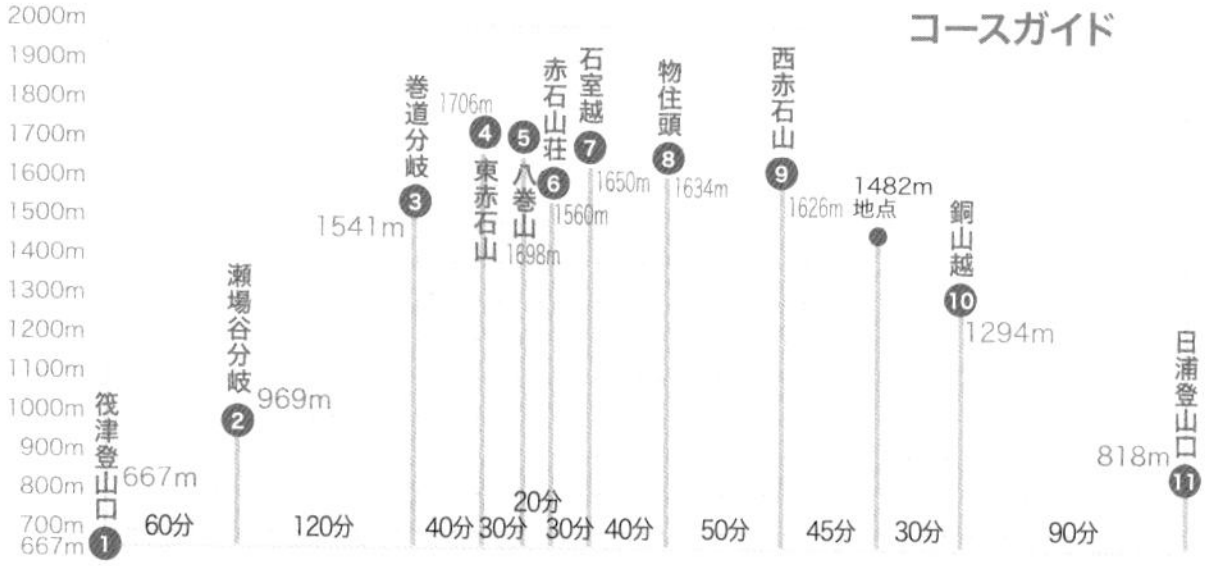
コースガイド
2000m
1900m
1800m
1700m
1600m
1500m
1400m
1300m
1200m
1100m
1000m
900m
800m
700m
667m
筏津登山口 667m
瀬場谷分岐 969m
巻道分岐 1541m
東赤石山 1706m
八巻山 1698m
赤石山荘 1560m
石室越 1650m
物住頭 1634m
西赤石山 1626m
1482m地点
銅山越 1294m
日浦登山口 818m
60分
120分
40分
30分
20分
30分
40分
50分
45分
30分
90分

▲2019年より別子銅山最後の坑口である「筏津坑」の一般公開を開始。筏津登山口にある。歓喜坑跡の他にも往時を偲ぶ様々な施設跡がある

▶東赤石山は岩肌の荒々しい姿が印象的

四季の魅力
ピンクに染まる山肌 高山植物も多い山

赤石山系の人気はなんといってもアケボノツツジだ。5月上旬から山肌をピンク色に染め抜く。シーズン中は訪れる観光客も多い。アケボノツツジの直後からツガザクラがシーズンを迎える。

東赤石山の高山植物も美しい。愛媛県は「赤石山の高山植物」およそ140種を天然記念物に指定しているが、うち8割程が東赤石山に自生している。

▲八巻山での御山祭。毎年10月第2週の土曜日に行われる

▶一面をピンクに染める様子は多くの登山者の心を癒している

▲西赤石山のアケボノツツジ

立ち寄りスポット 歓喜坑跡

江戸時代から銅の生産が行われてきた別子。明治以降は生産量も拡大し、その歴史は1973年まで続いた。その「産業遺産」が周辺に多くあり「世界遺産へ」という運動もある。歓喜坑はその発祥の地であり、所有者である住友金属鉱山が、2001年に復元工事を行い整備された。坑道跡は登山口の筏津にもある

東赤石山・西赤石山DATA

●おすすめ登山シーズン
4月～11月

●トイレ
両登山口、ダイヤモンド水広場

●駐車場
日浦登山口。筏津登山口。アケボノツツジのシーズンなどは混雑する

●アクセス
松山自動車道新居浜ICから国道11号、県道47号経由約50km。JR新居浜駅より車で約70分

●お問合せ （一社）新居浜市観光物産協会 TEL0897-32-4028

▲県内を流れる一級河川・土器川の河川敷から見る飯野山は幻想的

讃岐富士の名前通りの名峰をゆっくりと

飯野山《いいのやま》

体力度
★★☆☆

日程
半日

歩行時間
2時間25分

歩行距離
4.2km

累計標高差
438m

標高
422m

讃岐富士の別名を持つ飯野山だが、その姿は讃岐平野の中にひときわ目立ち、二次曲線のグラフのようなシルエットは地元の人々に愛されている。

飯山町登山口❶には駐車場とトイレが備えられており、住宅地の間を通り抜け、舗装した道を進んでいくと一王子神社❷に着く。地図と案内板に従っていけば大丈夫だろう。ここから登りとなり、果樹園の間を進んでいく。途中にベンチが置かれた休憩所が数カ所ある。途中から傾斜を増しジグザグに登っていく。丸亀市野外活動センターから登ってくる道と合流する地点が飯山登山道分岐❸。すぐ先が九合目で展望が良い。反時計回りに山頂の周囲を登っていく。大きな岩が現れ、薬師堂の北側へと回り込む。頂上❹には昭和天皇の歌碑、石仏などがある。

下りは飯山登山道分岐を経て山腹を巻いていくように下っていくと、坂出市西又方面からの道と合流する分岐点❻に出る。左へ折れ、階段を下りていけば丸亀市野外活動センター❼の敷地に出る。

ワンポイントアドバイス

▲麓から山腹にかけては桃などが栽培されている。毎年4月下旬ごろになると、山頂に咲く山桜が満開に。飯野山は平成17年に「新日本百名山」に選定され、標高100m以上は「瀬戸内海国立公園」「風景林」にも指定されている

▲登りの展望が良い逆コースも人気が高い

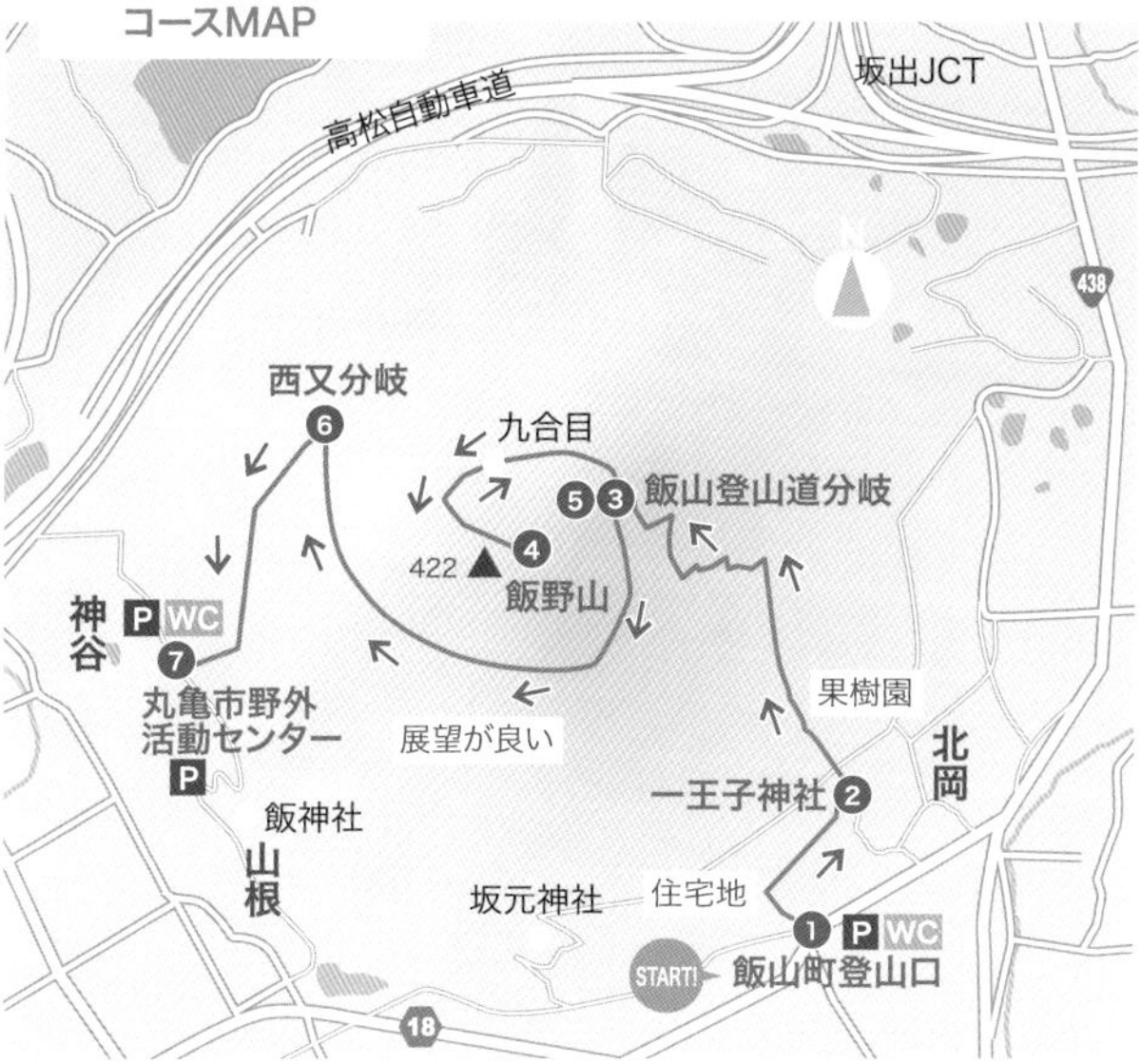
コースMAP
坂出JCT
高松自動車道
438
西又分岐
6
九合目
5
3
飯山登山道分岐
422
4
飯野山
神谷
P
WC
7
丸亀市野外活動センター
P
展望が良い
果樹園
北岡
一王子神社
2
飯神社
山根
坂元神社
住宅地
1
P
WC
START!
飯山町登山口
18

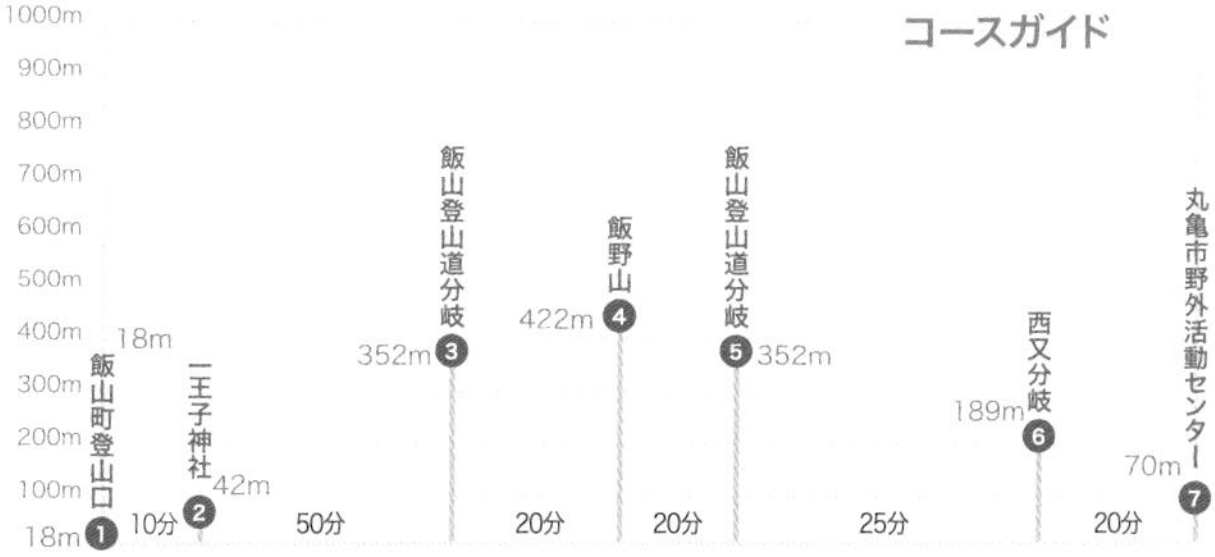
コースガイド
1000m
900m
800m
700m
600m
500m
400m
300m
200m
100m
18m
飯山町登山口 18m 1
一王子神社 42m 2
飯山登山道分岐 352m 3
飯野山 422m 4
飯山登山道分岐 5 352m
西又分岐 189m 6
丸亀市野外活動センター 70m 7
10分
50分
20分
20分
25分
20分

立ち寄りスポット

▼丸亀城は山中よりも展望できる。その石垣は、山麓から山頂まで4重に重ねられ、総高60メートルは日本一高い。頂部の本丸には江戸時代に建てられた天守が現存する

四季の魅力

▲山そのものだけでなく、周囲の畑や田んぼの四季の風景に溶け込んでいるエリアのシンボルだ。レンゲの中に遠望する姿も美しい

飯野山DATA

●おすすめ登山シーズン
1月～12月

●トイレ
飯山町登山口、丸亀市野外活動センター、山頂

●駐車場
飯山町登山口（15台）、丸亀市野外活動センター下（40台）、弥生の広場（30台）

●アクセス
予讃線丸亀駅より丸亀コミュニティバスのレオマ宇多津線NEWレオマワールド行「山の谷」で下車

●お問合せ　丸亀市観光協会 TEL0877-22-0331

▲山頂が台地状になっている五色台からは素晴らしい風景が広がる

国分寺から根香寺を巡る遍路路を行く

五色台《ごしきだい》

体力度
★★★☆

日程
終日

歩行時間
4時間25分

歩行距離
11.5km

累計標高差
565m

標高
449.3m
（青峰）

　五色台は高松市と坂出市の境にあり、山頂は台地状になっている。山上から眺める備讃瀬戸は素晴らしい眺望だ。

　五色台の名前の由来となった紅峰・黄峰・黒峰・青峰・白峰の五峰のうち、登山道が整備されているのは青峰のみ。麓の国分寺から青峰の山頂下を通り、遍路路を香西口へと下るルートを紹介しよう。

　JR国分駅❶から第八十番札所国分寺❷まではすぐ。お参りをすませたら「四国のみち」の標識に従い登山口❸まで進む。休憩所が設けられておりそこから先は山道。「遍路ころがし」と言われる急登りを進んでいくと展望台❹に出る。すばらしい眺めで、特に狭箱山、伽藍山、六ツ目山の「おむすび山三兄弟」が人気。車道を超え十九丁❺までは水平な路。右へ折れ20分ほどで車道に出る。少し進み中山休憩所へ。

　五色台スカイラインの分岐❻の先から右へ山道に入る。そのまま車道を進めば青峰頂上への登山口があるが、現在は立ち入ることができない。車道を越え第八二番札所根香寺❼へ到着する。

　下りは「四国のみち」の遍路路を香西口❾へと下る。

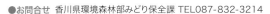

ワンポイントアドバイス

▲十九丁から左に進むと第八十一番札所白峯寺がある。根香寺〜白峯寺の間は高低差があまりなく片道2時間程度のコースだ。森の中のトレイルを歩く遍路路だ

▲第八十二番札所 青峰山根香寺

▲第八十番札所国分寺

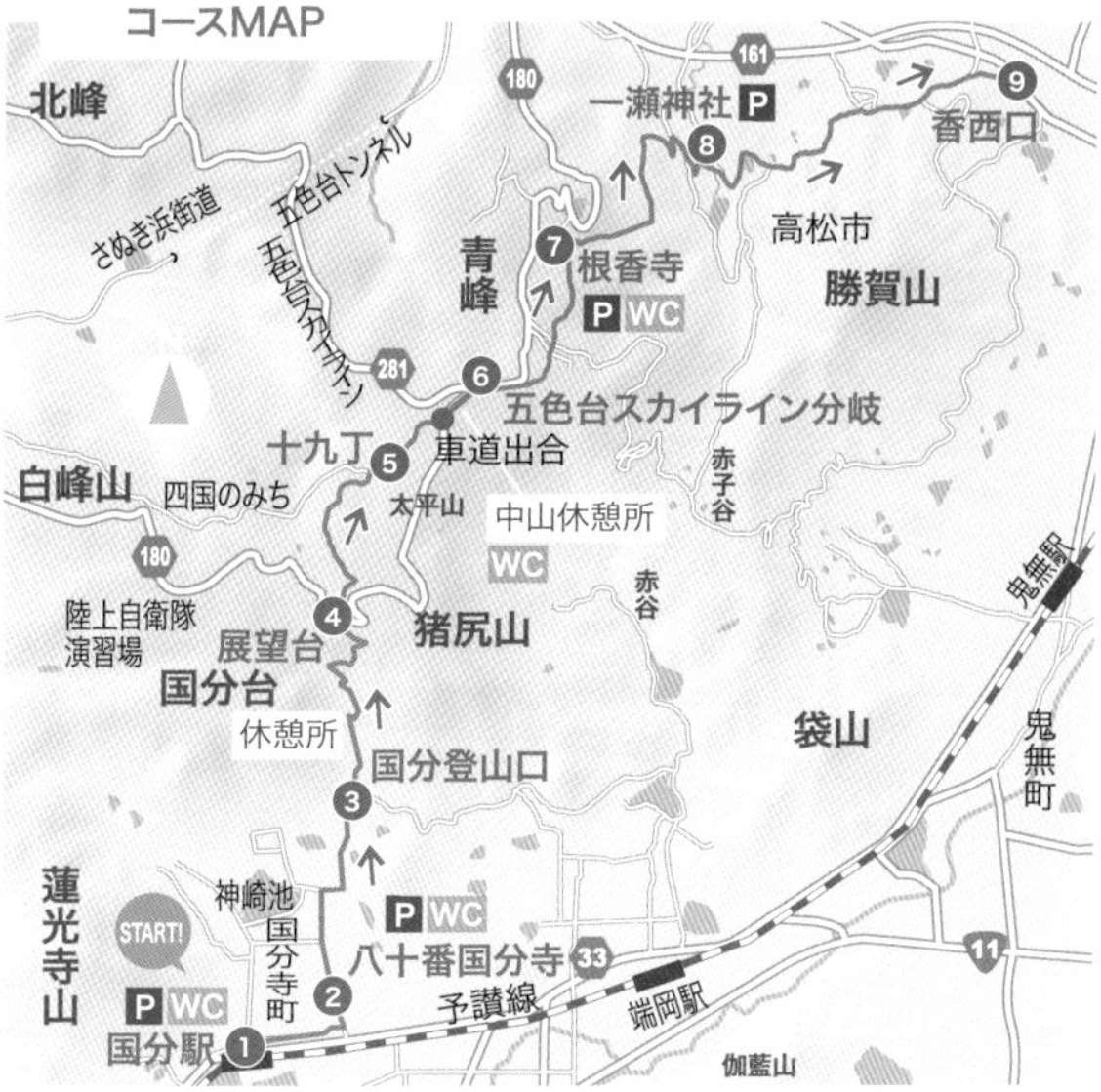
コースMAP
北峰
さぬき浜街道
五色台トンネル
五色台スカイライン
180
161
一瀬神社
P
香西口
高松市
青峰
根香寺
P WC
勝賀山
281
五色台スカイライン分岐
十九丁
車道出合
赤子谷
白峰山
四国のみち
太平山
中山休憩所
WC
陸上自衛隊演習場
展望台
猪尻山
赤谷
鬼無駅
国分台
休憩所
袋山
国分登山口
鬼無町
蓮光寺山
START!
神崎池
国分寺町
P WC
八十番国分寺
33
11
予讃線
端岡駅
国分駅
伽藍山

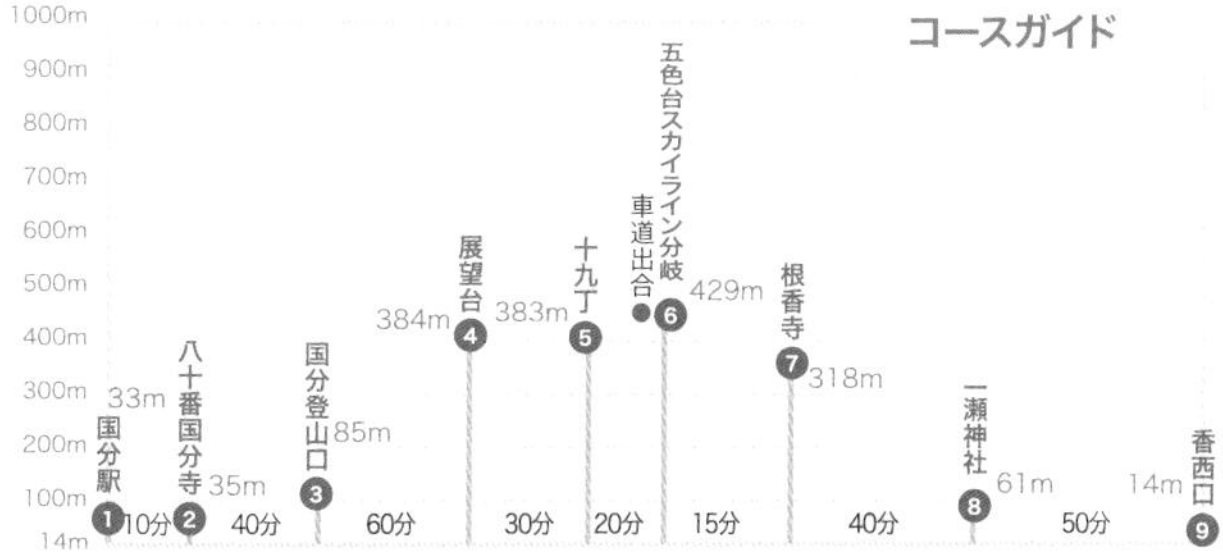
コースガイド
1000m
900m
800m
700m
600m
500m
400m
300m
200m
100m
14m
国分駅 33m
八十番国分寺 35m
国分登山口 85m
展望台 384m
十九丁 383m
車道出合
五色台スカイライン分岐 429m
根香寺 318m
一瀬神社 61m
香西口 14m
10分
40分
60分
30分
20分
15分
40分
50分

立ち寄りスポット

▼休暇村讃岐五色台。根香寺から約7km、車で15分の場所にある。近くに五色台のビジターセンターもある。
問／香川県坂出市大屋冨町3042
TEL0877-47-0231

四季の魅力

▲やはり春、秋の気候が良い時期がお薦め。様々な木々が「四国のみち」として整備されている遍路路の周囲にあり、ゆっくりと楽しみたい

五色台DATA

●おすすめ登山シーズン
3月〜11月
●トイレ
国分寺資料館、中山休憩所、根香寺などに有
●駐車場
各寺に有
●アクセス
JR高松駅より予讃線15分

●お問合せ 香川県環境森林部みどり保全課 TEL087-832-3214

▲寒霞渓の眺めは日本三大渓谷美とも称されている。紅葉シーズンは人出が多い

日本三大渓谷美と瀬戸内最高峰へ

星ヶ城山《ほしがじょうさん》

体力度
★★☆☆

日程
半日

歩行時間
3時間40分

歩行距離
7.5km

累計標高差
650m

標高
816m

星ヶ城山は、小豆島町にある。西峰と東峰からなり、東峰の標高816メートルは瀬戸内に浮かぶ島の中で最高峰となる。西側には日本三大渓谷美の一つ寒霞渓（かんかけい）を有する。山頂には南北朝時代に築城された星ヶ城址、星ヶ城神社がある。

県道29号線の猪谷登山口❶から寒霞渓の裏八景❷と呼ばれる遊歩道を登っていく。石門、大師洞、松茸岩、鹿岩などを楽しみながら登っていくと山上の広場に出る。ロープウェイの駅があり観光客で賑わっている。ここから右手へ三笠山山頂❸へと移動する。阿豆枳島神社が祀られており、山頂から東へ星ヶ城山❹へと向かう。西峰から少し下り再び登り切ったところが東峰。天気が良ければ瀬戸大橋、大鳴門橋、明石海峡大橋が見渡せる。三笠山山頂を経て山上広場へと戻る。土産物屋やレストラン❻などがある。

下りは寒霞渓の表十二景入口❼と呼ばれるルートをロープウェイのこううん駅❽へと下る。そそりたつ奇岩怪石の絶景を楽しもう。

ワンポイントアドバイス

▲寒霞渓の遊歩道はよく整備されていて歩きやすいが、野生の猿、イノシシ、鹿などが出るので注意。星ヶ城山頂から県道29号へショートカットで下る道もある

▲西峰からの眺め。瀬戸内海の島々を見下ろす眺望

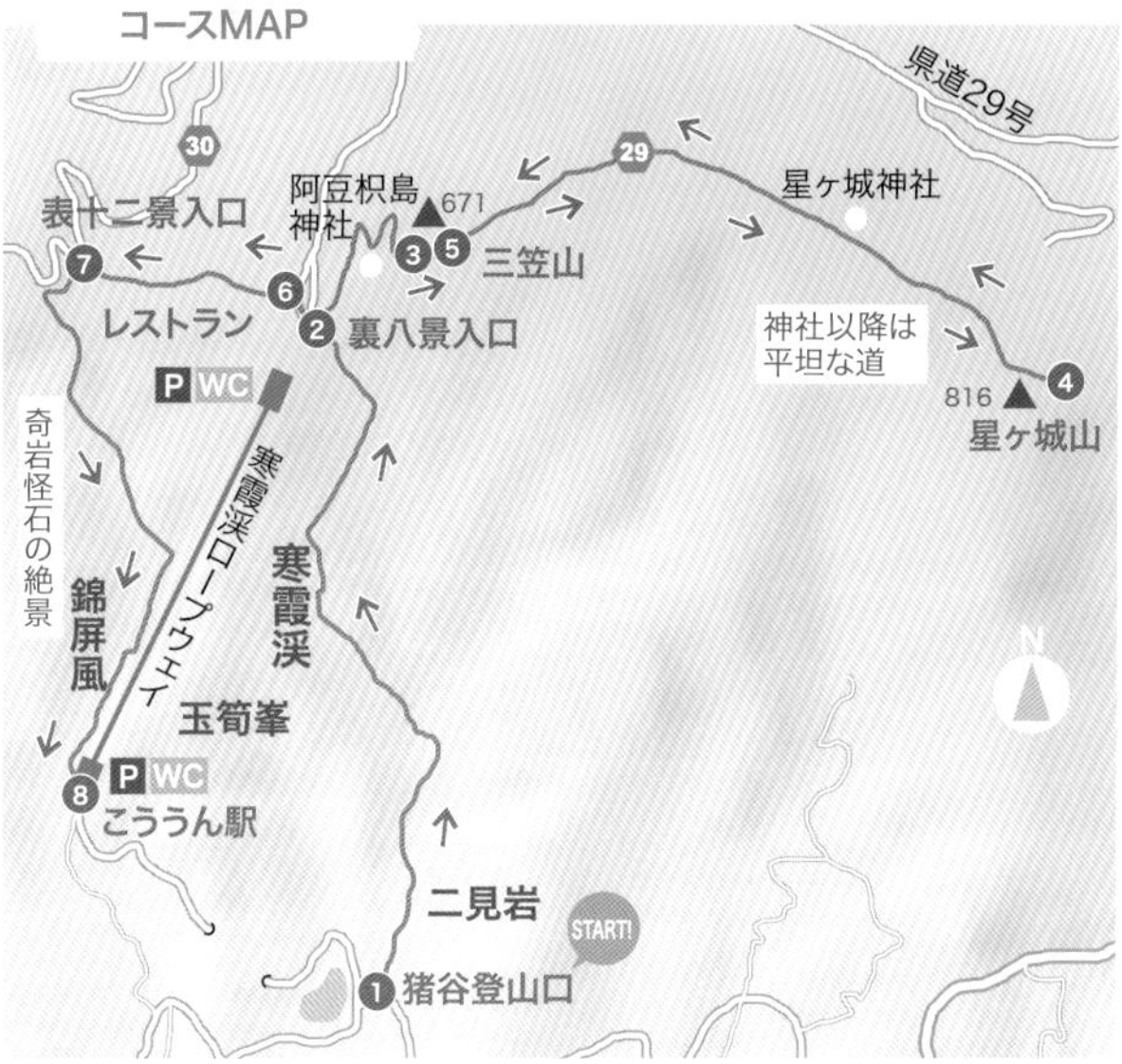
コースMAP
県道29号
30
29
阿豆枳島神社
671
表十二景入口
星ヶ城神社
三笠山
レストラン
裏八景入口
神社以降は平坦な道
816
星ヶ城山
P WC
寒霞渓ロープウェイ
奇岩怪石の絶景
錦屏風
寒霞渓
玉筍峯
N
P WC
こううん駅
二見岩
START!
猪谷登山口

コースガイド
1000m
900m
800m
700m
600m
500m
400m
300m
2.6m
猪谷登山口 216m
裏八景入口 615m
三笠山 671m
星ヶ城山 816m
三笠山 671m
レストラン 609m
表十二景入口 568m
こううん駅 279m
60分
10分
60分
40分
10分
10分
30分

立ち寄りスポット

▼小豆島オリーブ公園。オリーブの木々に囲まれた園内には、ギリシャ風の建物や様々な体験施設などがある。サン・オリーブという立ち寄り温泉有。
問／香川県小豆郡小豆島町西村甲1941-1 TEL0879-82-2200

四季の魅力

▲小豆島で隔離進化した植物がみられ、4〜5月に淡黄色の花を咲かせるショウドシマレンギョウや幻のニラといわれるカンカケイニラが代表的な種

星ヶ城山DATA

●おすすめ登山シーズン
3月〜5月、10月〜11月

●トイレ
裏八景遊歩道途中、ロープウェイ駅周辺に有

●駐車場
ロープウェイ駅周辺

●アクセス
高松港よりフェリーにて池田港へ。小豆島オリーブバス寒霞渓急行線（季節運行）で約30分。終点紅雲亭で下車し寒霞渓ロープウェイで山頂へ（5分）。バスにて草壁港へ移動し、寒霞渓急行線に乗換

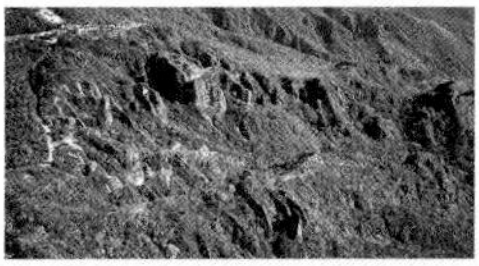

●お問合せ 小豆島町役場商工観光課 TEL0879-82-7021
寒霞渓ロープウェイ TEL0879-82-2171

▲屋根のような形をしているから屋島だという説もある。溶岩台地として形成された

源平の古戦場を眺め遍路道から屋上散歩

屋島《やしま》

体力度
★★☆☆

日程
終日

歩行時間
4時間5分

歩行距離
12km

累計標高差
580m

標高
292.1m
（南嶺）

源平合戦の地、弓の名手・那須与一の伝説で知られる屋島は、高松市北東部にあり、瀬戸内海に突き出ている。

屋島寺への遍路道を登り切れば、舗装された遊歩道が整備され、各所に展望スポットがある屋上散歩が楽しめる。

琴電屋島駅❶を出発地としたが、潟元駅でも良い。バスやJRなど交通の便は良い。住宅地が途切れ車止めとなった場所が表遍路道入口❷だ。ここから屋島寺を目指して舗装された遍路道❸をゆっくりと登っていくと仁王門に到着する。まずは境内に入り本堂を参拝しよう。屋島寺から獅子の霊巌❹へ。土産物屋が並ぶ道の先に、高松市街の展望が広がる。右へ回り込み、古戦場を一望する談古嶺❺へ。鞍部を過ぎて北嶺に向かうと道が左右に分かれる。左へ進むと千間堂跡❻があり、小さな池やベンチが。

さらに北へ遊鶴亭❼へと向かう。備讃瀬戸の大展望が広がる。ここから引き返し談古嶺まで戻る。余裕があれば南嶺山頂の南端である冠ヶ嶽❾をピストンし、表遍路道を戻る。

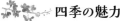

ワンポイントアドバイス

◀JR屋島駅～琴電屋島駅～山上を結ぶ路線バスも利用可能だ。遊鶴亭から北へ下山すれば長崎の鼻となり、西岸をやしま第一健康ランド方向へ戻ることができる

▶獅子の霊巌近くにあるのが、2022年にオープンした屋島山上交流拠点施設「やしまーる」。ガラス張りの館内からは瀬戸内海の多島美を堪能でき、カフェや土産品コーナーもある

コースMAP

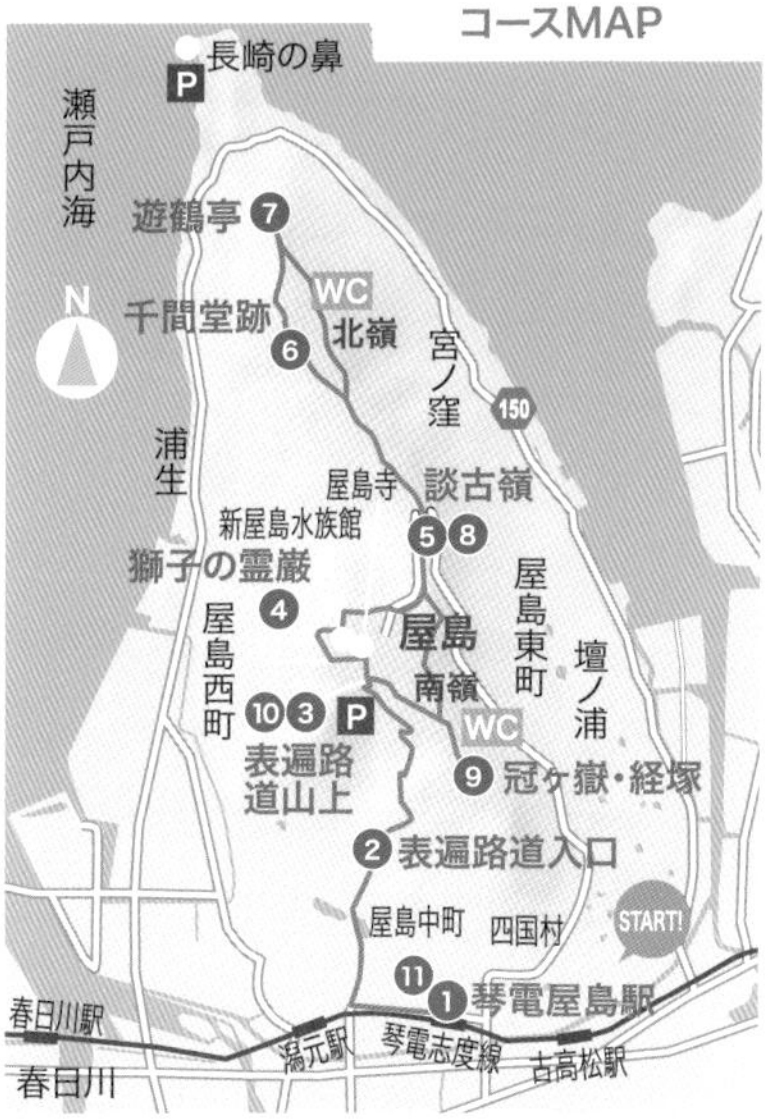
長崎の鼻
P
瀬戸内海
遊鶴亭 7
WC
N
千間堂跡 6
北嶺
宮ノ窪
150
浦生
屋島寺
談古嶺
新屋島水族館
5 8
獅子の霊巌 4
屋島
屋島東町
屋島西町
10 3 P
南嶺
壇ノ浦
WC
表遍路道山上
9 冠ヶ嶽・経塚
2 表遍路道入口
屋島中町
四国村
START!
11 1 琴電屋島駅
春日川駅
潟元駅
琴電志度線
古高松駅
春日川

▲表遍路道中間地点付近に有る不喰梨。弘法大師の伝説が伝わる

コースガイド

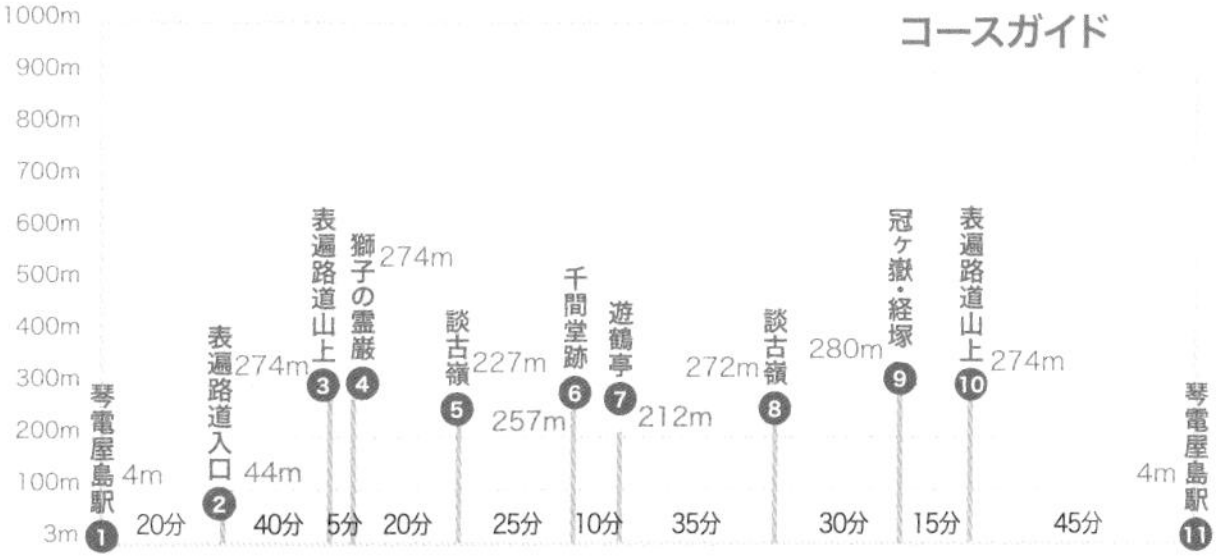
1000m
900m
800m
700m
600m
500m
400m
300m
200m
100m
3m
1 琴電屋島駅 4m
2 表遍路道入口 44m
3 表遍路道山上 274m
4 獅子の霊巌 274m
5 談古嶺 227m
6 千間堂跡 257m
7 遊鶴亭 212m
8 談古嶺 272m
9 冠ヶ嶽・経塚 280m
10 表遍路道山上 274m
11 琴電屋島駅 4m
20分
40分
5分
20分
25分
10分
35分
30分
15分
45分

立ち寄りスポット

▼四国霊場八十八カ所第八十四番札所屋島寺は、鑑真が開基し、弘法大師が北嶺にあった伽藍を現在の位置に移したと伝えられる

四季の魅力

▲年間を通じて楽しめる道だが真夏はやや暑いかも。そんな時は山上にある新屋島水族館で涼をとるのも一興。イルカやアザラシのライブがある。
問／香川県高松市屋島東町1785-1
TEL087-841-2678

屋島DATA

●おすすめ登山シーズン
1月～12月

●トイレ
南嶺、北嶺にそれぞれ有

●駐車場
山上、長崎の鼻

●アクセス
高松中央自動車道高松中央IC より屋島方面、約30分

▲談古嶺展望台からの眺望（源平合戦古戦場）

●お問合せ 高松市役所 観光交流課 TEL087-839-2416

▲剣山から眺めた丸笹山。剣山北側の眼下に見える風景。ハイキング気分で登山できる初心者向けの山だ

剣山系の展望の山にハイキング

丸笹山《まるささやま》

体力度
★☆☆☆

日程
半日

歩行時間
2時間15分

歩行距離
3.9km

累計標高差
267m

標高
1711.9m

剣山山頂から眺めると北側にあるのが丸笹山だ。1450メートル付近の夫婦池から登山でき、ササ原を進む道なのでハイキング気分で登山できる。初心者にもお勧め。

登山口❶の夫婦池のすぐ近くには宿泊施設ラ・フォーレつるぎ山があり、駐車場も広い。マイカー以外でのアプローチはやや不便である。登山ルートは左右にあり、頂上でいっしょになる。傾斜がゆるやかな右のルートから登ってみよう。

登山口を出発し桧の低木の林を進んでいく。木々に囲まれ傾斜が増してくる登山道を進んでいくと展望が開ける場所❷がある。剣山や三嶺の姿を見つけることができるだろう。

その先からササ原となる。ゆっくりと進んでいけば、10分足らずで山頂❸に到着。大きな看板に山名が記してある。二等三角点も設置されている。展望はすばらしく、東に赤帽子山も開ける。剣山を眺めながら休憩をとろう。

帰りは北に、樹林の中を下るコース(赤帽子山分岐❹)をとる。森の中の落ち着いた散策を楽しもう。

ワンポイントアドバイス

丸笹山登山口

▲ハイキング気分で楽しめるコースではあるが、やはり1500mを超える山であり油断は禁物だ。冬季はアプローチが雪に閉ざされる

コースMAP
赤帽子山分岐 4
夫婦池登山口
5
P
1
貞光川源流
3 1711.9
丸笹山
笹原を進む道
2
桧の低木の林
1586m地点
夫婦池
START!
WC
傾斜がゆるやか
ラ・フォーレつるぎ山
438

丸笹山

◀山頂からは遮るもののないパノラマが広がる

貞光川
源流の谷

▲源流の碑。丸笹山は貞光川の源流

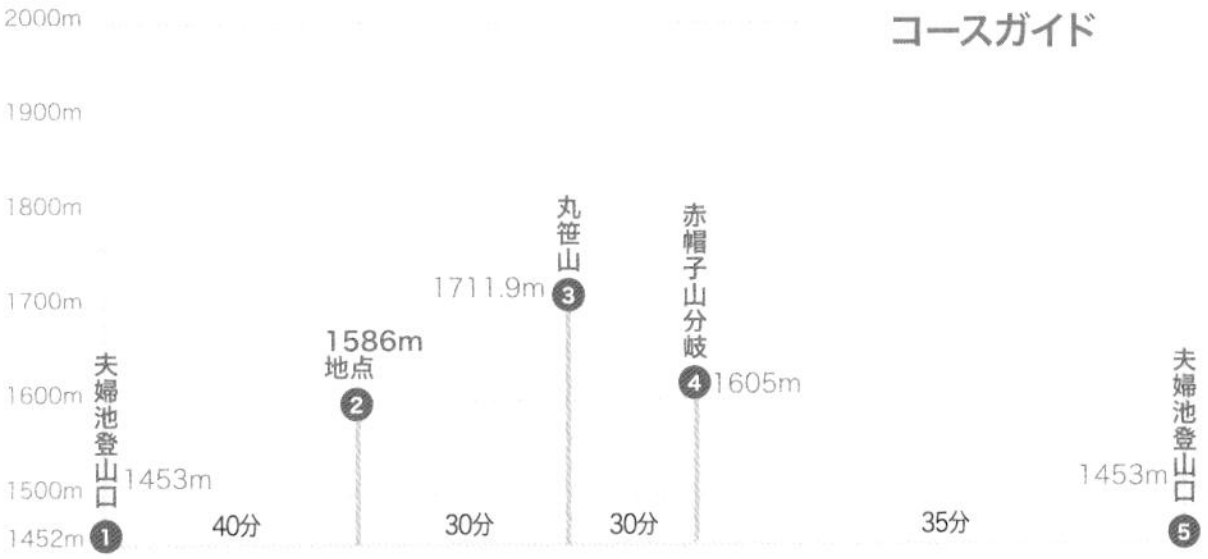
コースガイド
2000m
1900m
1800m
1700m
1600m
1500m
1452m
夫婦池登山口 1453m 1
1586m地点 2
丸笹山 1711.9m 3
赤帽子山分岐 4 1605m
夫婦池登山口 1453m 5
40分
30分
30分
35分

立ち寄りスポット

▼ラ・フォーレつるぎ山。夫婦池のそばに建つおしゃれな宿泊施設。剣山登山リフト(見ノ越)から車で5分の位置にあり窓から剣山の稜線を眺めることができる。11月下旬～4月中旬までは冬季休業となる。
問／徳島県美馬郡つるぎ町一宇字葛籠6198-2
TEL0883-67-5555

四季の魅力

▲「花の百名山」にも紹介されたワチガイソウ。5月から6月頃星型の花を咲かせる。ナデシコ科の小さな花だ。丸笹山頂上には三つ葉ツツジも

丸笹山DATA

●おすすめ登山シーズン
4月～11月
●トイレ
夫婦池横
●駐車場
駐車スペース有
●アクセス
徳島自動車道美馬ICより国道438号を南へ40km、約1時間30分。
JR貞光駅より車で約1時間25分

●お問合せ つるぎ町役場 交流促進課 TEL0883-62-3111

▲人気が高い山だけにオーバーユースによるダメージを最小にすることを心がけたい

三つの頂きを持つ剣山系の人気山

三嶺《みうね》

体力度
★★★★

日程
終日

歩行時間
7時間10分

歩行距離
10km

累計標高差
1047m

標高
1893m

剣山系の中で主峰の剣山に負けるとも劣らない人気を誇るのが三嶺だ。その名の通り遠景は三つの頂きを持つシルエットで、山頂部はミヤマクマザサとコメツツジの群落が広がる。

三好市東祖谷と高知県香美市の県境をなしているが、徳島側からのアプローチが一般的だ。名頃ダムの少し下に県営の無料駐車場❶がありトイレも設置されている。

以前は平尾谷川に沿う林道を進み終点から登山道に入るルートだったが、台風などによる登山道の荒廃で、尾根を通るルートが新設されている。

案山子が歓迎してくれる登山道口を林道より左手に登っていく。尾根筋をテープなどの標識を頼りに進むが、よく案内されている。途中一度林道を横切り❷、さらに尾根道を進めばダケモミの丘❸に到着する。

ここから深い林の中を進み、やがて視界が開けるとガレ場がある。

池と一面に広がるクマザサの草原の向こうが三嶺山頂❹だ。帰りは往路を戻る。

ワンポイントアドバイス

▲池を中心にミヤマクマザサやコメツツジが迎えてくれる山頂は「空中の楽園」のようだ

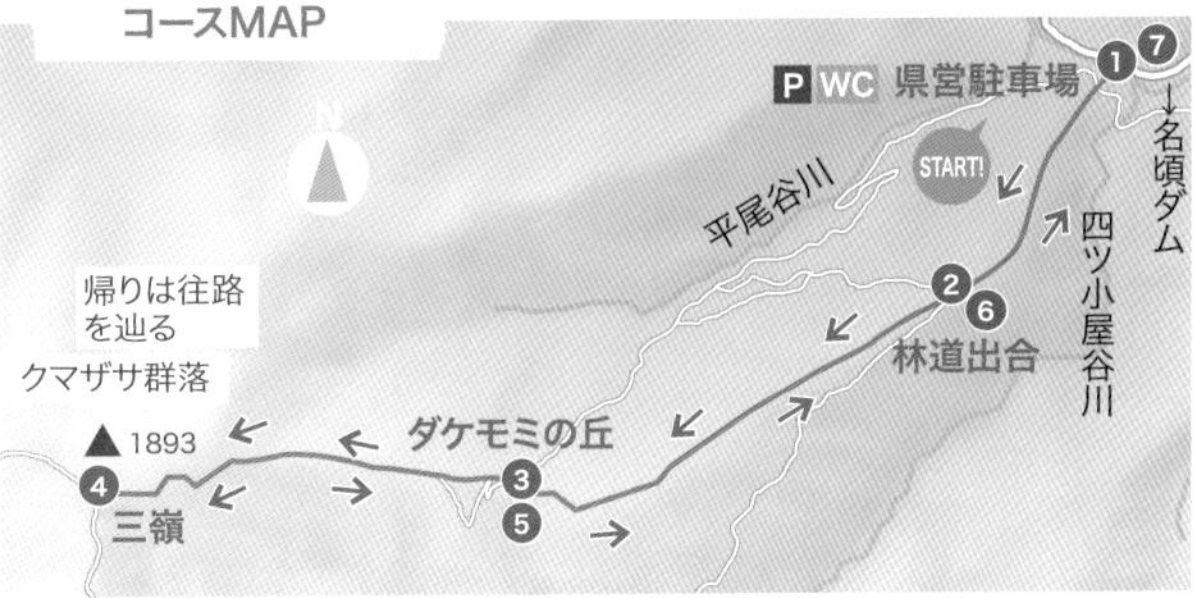
コースMAP
P WC 県営駐車場
START!
名頃ダム
平尾谷川
四ツ小屋谷川
林道出合
帰りは往路を辿る
クマザサ群落
1893
ダケモミの丘
三嶺

三嶺

◀アプローチの場所から徳島の山としたが、もちろん高知側からもルートがあり、高知の登山家にも愛されている山だ。人気ゆえのオーバーユースと鹿害などに悩む一面もある

▲登山口ではたくさんの案山子が見送ってくれる

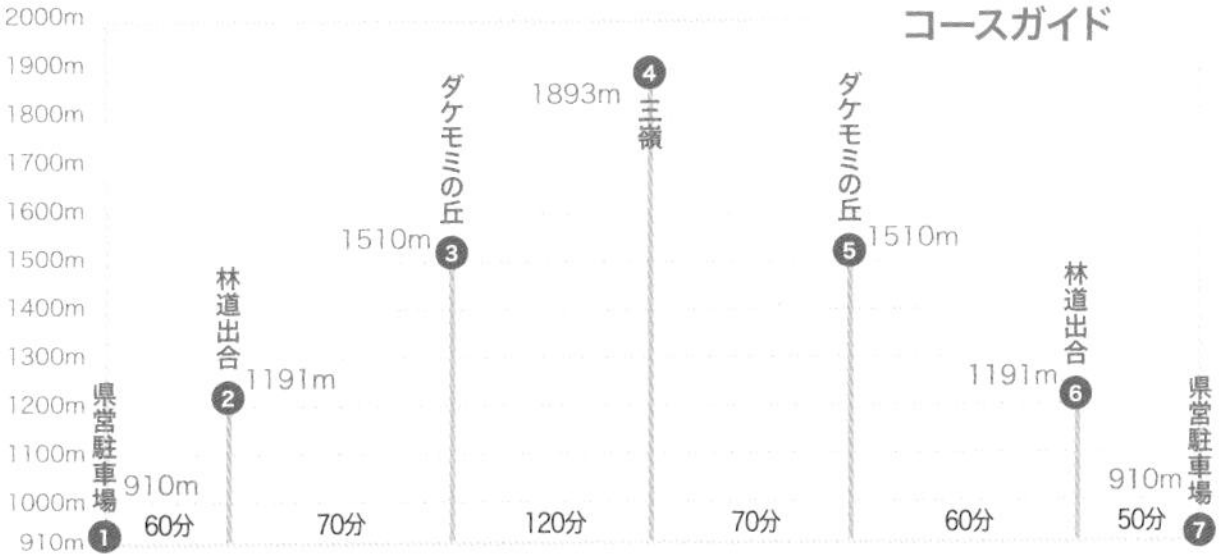
コースガイド
2000m
1900m
1800m
1700m
1600m
1500m
1400m
1300m
1200m
1100m
1000m
910m
県営駐車場 910m
林道出合 1191m
ダケモミの丘 1510m
三嶺 1893m
ダケモミの丘 1510m
林道出合 1191m
県営駐車場 910m
60分
70分
120分
70分
60分
50分

立ち寄りスポット

▼山頂に建つ三嶺ヒュッテに一泊すれば、天狗塚へと縦走し久保方面へ下山、あるいは白髪山方面へ足を伸ばすなどいろいろなルートが余裕をもって楽しめるだろう。山上の夜もまた格別だ

四季の魅力

▲稜線から山頂付近のミヤマクマザサとコメツツジの群落は国の天然記念物に指定されている

三嶺DATA

●おすすめ登山シーズン
4月〜11月
●トイレ
駐車場、三嶺ヒュッテ
●駐車場
県営駐車場（30台）
●アクセス
JR阿波池田駅より久保までバスで1時間50分。久保から名頃まで市営バスで25分、そこから徒歩1分。徳島自動車道美馬ICより約1時間50分

●お問合せ　三好市役所観光課 TEL0883-72-7620
三好市観光案内所 TEL0120-404-344

▲日本最後の清流とも呼ばれる四万十川は、全長196Km。苔むした倒木や岩肌の間から浸み出す清水が、その源流だ

四万十川源流、緑濃き山懐の中へ

不入山《いらずやま》

体力度
★★★☆

日程
半日

歩行時間
2時間55分

歩行距離
4.5km

累計標高差
460m

標高
1336.1m

四国カルストの南側に位置する不入山。藩政時代、土佐藩の御留山で一般のものは立ち入りが禁じられていたことからこの名前がついた。東斜面を遡れば、清流・四万十川の源流点となる。

津野町船戸から四万十川沿いに北上し、義堂・絶海の銅像（堂海公園）を過ぎて左の林道に入る。進んでいくと石造りの立派な四万十川源流の碑❶がある。車はここまで。案内標識に従って進めば、源流点❷に着く。看板のやじるしを目印に登っていくと、横掛道の分岐に出るので、右に「うら林道」を進む。間もなく登山道分岐❸の標識があるので、左へ谷道コースを進もう。

がんばって登っていくと頂上からの主尾根❹に到着。先ほど分かれた尾根コースもここで合流する。頂上の西側から岩尾根を登り、一等三角点と祠のある山頂❺に到着。

祠の横から東尾根を下るが、かなりの急斜面となっているので注意して下ろう。四差路の分岐❻を左に曲がり、横掛道を右に曲がり出発点に戻る。

ワンポイントアドバイス

▲不入山林道から登るコースもある。林道は一般の乗り入れ禁止となっているので歩いてアプローチとなる。終点から登山道となり、谷道コース、尾根筋コースを行く形となる

▲清流・四万十川の流れを生みだす山だ（撮影地・四万十市鵜ノ江）

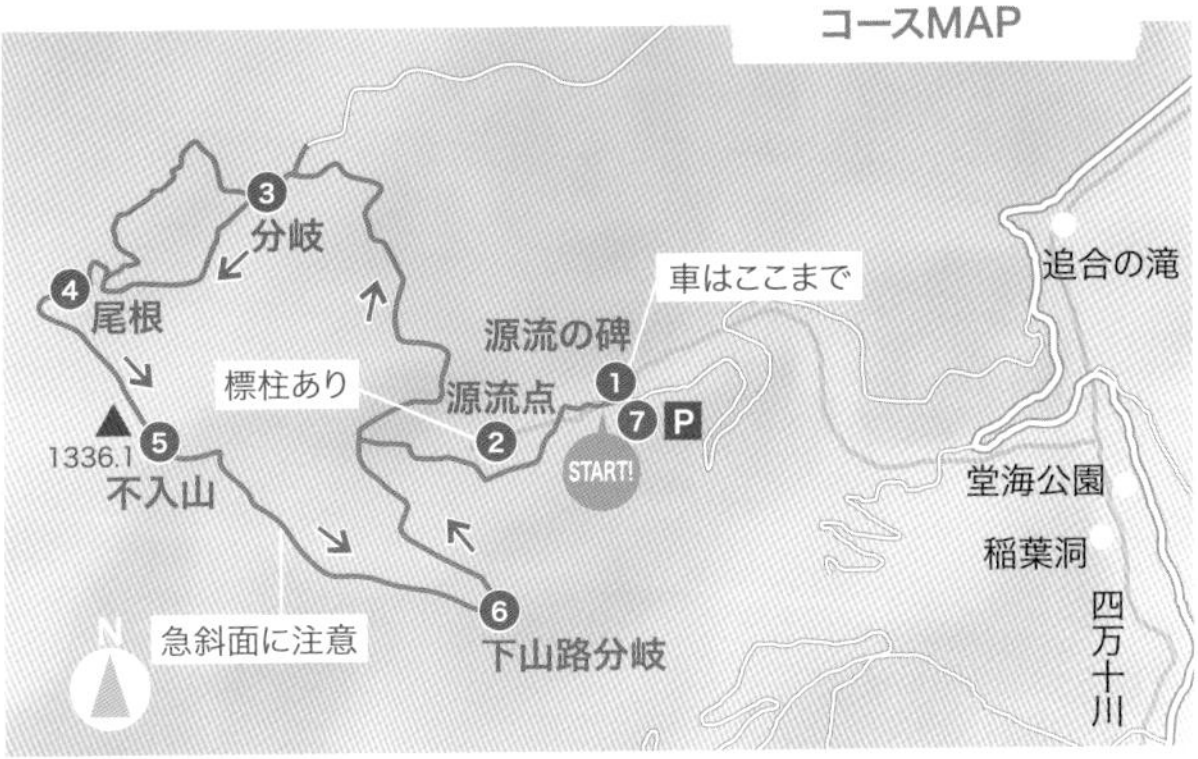
コースMAP
追合の滝
車はここまで
源流の碑
③分岐
④尾根
標柱あり
源流点
1336.1
⑤不入山
START!
P
堂海公園
稲葉洞
四万十川
N
急斜面に注意
⑥下山路分岐

▼津野町役場本庁舎裏手の棚田。近くには「かわうそ自然公園」もある。今もどこかにかわうそがいてくれそうな風情だ

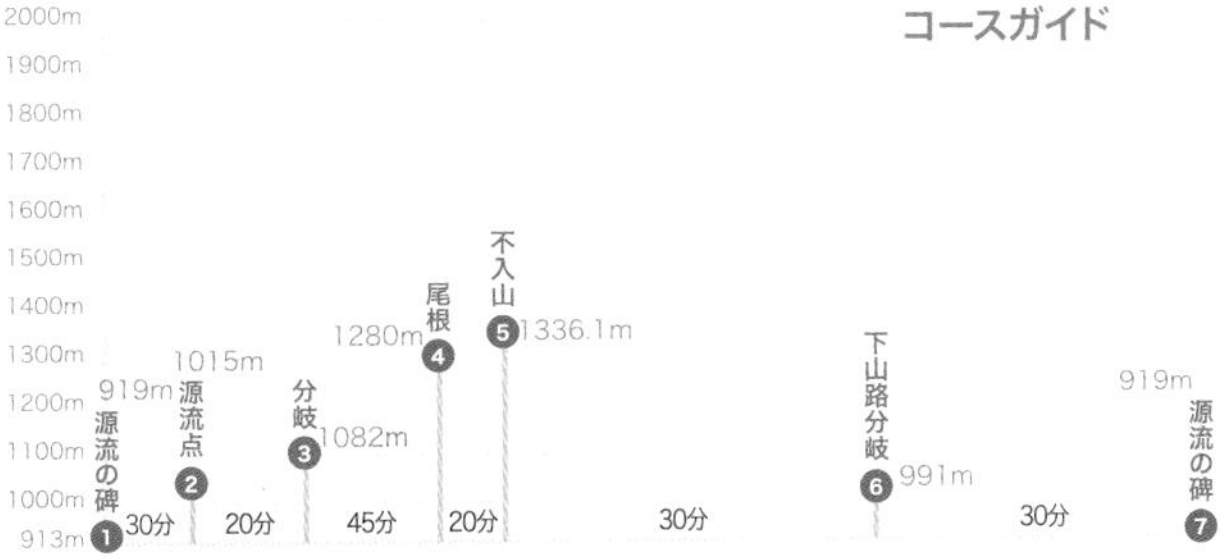
コースガイド
2000m
1900m
1800m
1700m
1600m
1500m
1400m
1300m
1200m
1100m
1000m
913m
① 源流の碑
30分
919m
② 源流点
1015m
20分
③ 分岐
1082m
45分
1280m
④ 尾根
20分
1336.1m
⑤ 不入山
30分
991m
⑥ 下山路分岐
30分
919m
⑦ 源流の碑

立ち寄りスポット

▼「満天の星　本社・加工所」
店内には菓子工房やイートインコーナーがあり、津野町自慢のほうじ茶を使ったスイーツは、お土産にもぴったり。
問／高知県高岡郡津野町船戸4939
TEL0889-62-3335

四季の魅力

▲アケボノツツジは紀伊半島と四国に分布する落葉低木。津野町の町花ともなっていて、不入山では大きな木にピンクの花がつく

不入山DATA

●おすすめ登山シーズン
3月～12月

●トイレ
なし

●駐車場
源流の碑周辺に駐車スペース有

●アクセス
国道197号道の駅「布施ヶ坂」より南西方面へふたつめのトンネルを抜け、船戸郵便局近くを右折し、案内標識に従って約8kmで源流の碑

●お問合せ　津野町役場観光推進課 TEL0889-55-2021

▲中腹は紅葉とクマザサが、山頂付近には笹原が広がる

剣山系の山を眺めながら稜線を往復

白髪山《しらがやま》（物部）

体力度
★☆☆☆

日程
半日

歩行時間
3時間25分

歩行距離
5km

累計標高差
510m

標高
1769.8m

剣山系の眺めが楽しめる山歩きだ。高知県内には白髪山が二座あるが、物部に位置する方の白髪山となる。冬季には冠雪した山頂を高知市内からも見ることができる。

峰越❶の駐車場は20台ほどの駐車スペースがあり、トイレ、休憩舎が整備されている。ここからまず白髪山山頂へと向けて直登する。750メートルほどの距離で標高差が約300メートルあるのでゆっくりとしたペースであせらず行こう。

最後ササ原をジグザグに登れば白髪山山頂❷だ。北側の岩の上から三嶺が良く見渡せる。山塊の眺望が心地よい。

ここから白髪避難小屋❹までは稜線をのんびりと辿っていく。白髪分岐❸からは北へ三嶺へのルートが伸びている。健脚ならば2時間程度で歩けるだろう。

東へ平和丸と名のついた道が伸びている。稜線を辿ればそのずっと先に剣山がある。ゆっくり眺めを楽しんだら、白髪別れから林道へと下ろう（登山口❺）。

ワンポイントアドバイス

▲東側から避難小屋、白髪別れを望む。白髪山はその姿から別名「土佐富士」とも呼ばれている。(高知市北西部の鴻ノ森なども土佐富士と呼ばれる)
(写真提供:藤本宏、右頁も)

▲徳島県三好市との県境近くとなる。白髪山は冬季にその頂が白く凍った姿が高知市から望め、白髪のようだからついた名前だとも

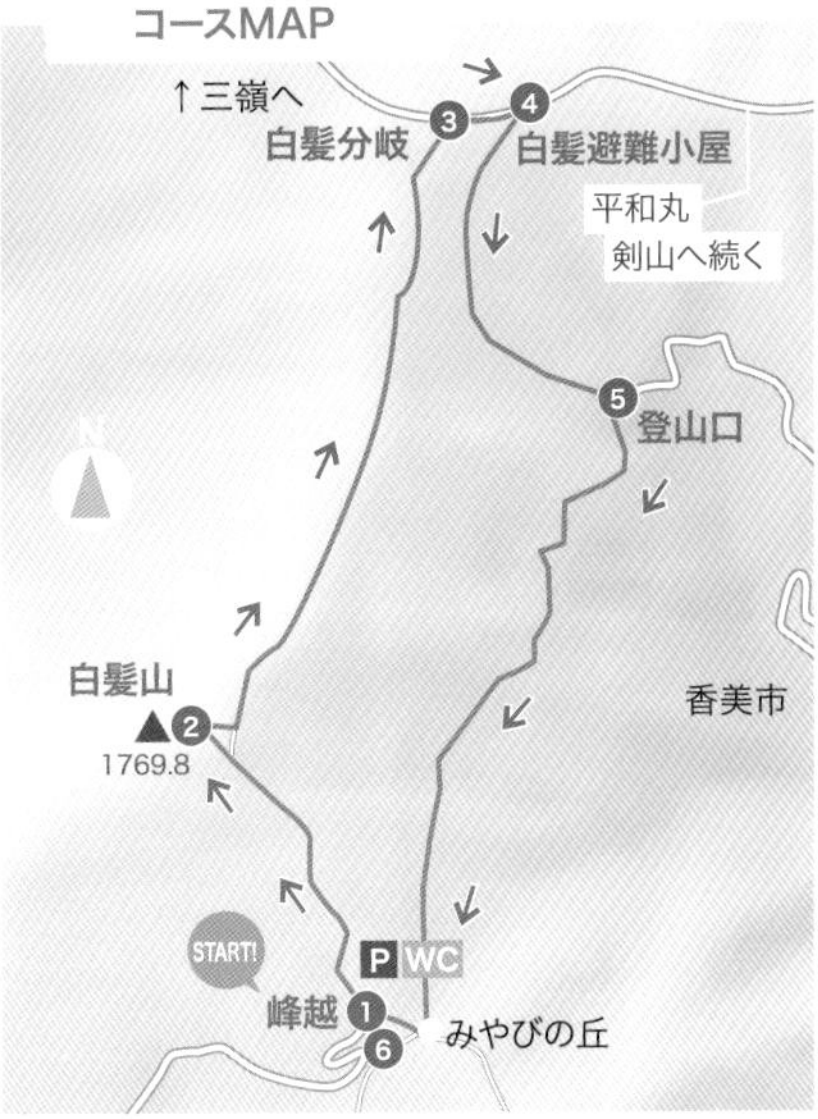
コースMAP
↑三嶺へ
白髪分岐
3
4
白髪避難小屋
平和丸
剣山へ続く
5
登山口
N
香美市
白髪山
2
1769.8
START!
P
WC
峰越
1
6
みやびの丘

白髪山

▲白髪山山頂。北側の岩の上から三嶺が良く見渡せる

コースガイド

2000m
1900m
1800m
1700m
1600m
1500m
1385m
峰越 1458m 1
白髪山 2 1769.8m
1718m 白髪分岐 3
白髪避難小屋 4 1677m
登山口 5 1408m
1458m 峰越 6
60分
60分
5分
40分
40分

立ち寄りスポット

▼アプローチに使用する「林道西熊別府線」を進んだ所にあるアイノウの釜は紅葉の名所

四季の魅力

▲実生ゆずは、普通の苗を植えて育てるものとは違い、種から芽を出したものを何十年もかけて面倒をみながら、自然に近い状態で成木に育てる。奥物部の名産品だ。収穫は11初旬〜中旬

白髪山DATA

●おすすめ登山シーズン
4月〜11月

●トイレ
峰越駐車場に有

●駐車場
峰越駐車場20台

●アクセス
高知市内より車で3時間。国道195号(土佐中街道)を大栃で左折。ダムに沿って県道49号を進み、物部町五王堂より右へ県道217号を進む。西熊渓谷より「林道西熊別府線」へ

●お問合せ 香美市商工観光課 TEL0887-53-1084

▲空から見る天狗高原。標高約1400メートルのカルスト台地が東西に伸びている

静かな四国カルストの道を歩く

天狗の森《てんぐのもり》

体力度
★★★☆

日程
終日

歩行時間
4時間25分

歩行距離
8.7km

累計標高差
640m

標高
1484.9m

四国カルストは愛媛県と高知県の県境に位置する標高約１４００メートルのカルスト台地で、東西25キロにも及ぶ。秋吉台（山口県）、平尾台（福岡県）と並ぶ日本三大カルストのひとつだ。西から大野ヶ原、姫鶴平、五段高原、天狗高原と、台地上を走る道路は天空の道として人気だ。

東の天狗高原入口、その入口に星ふるヴィレッジＴＥＮＧＵ❶が建ち、ここを基地に東へ静かなトレッキングが楽しめる。星ふるヴィレッジＴＥＮＧＵ駐車場奥から登山道へ入り、間もなく小高くなった瀬戸見の森❷へ着く。この辺りにも石灰岩が露出している。

天狗の森❸がピークとなり、不入山などが見渡せる。稜線を小木の間を下っていき姫百合平❹、黒滝山❺へ。ここから少し下り横道に入るとヒメシャラの並木がある。

鞍部に大引割、すぐ先に並行して小引割がある❻。大引割は長さ約80メートル、幅は狭いところで約3メートルという地表の割れ目だ。帰りは稜線よりやや南の横道を辿る。標識などはしっかり整備されている。

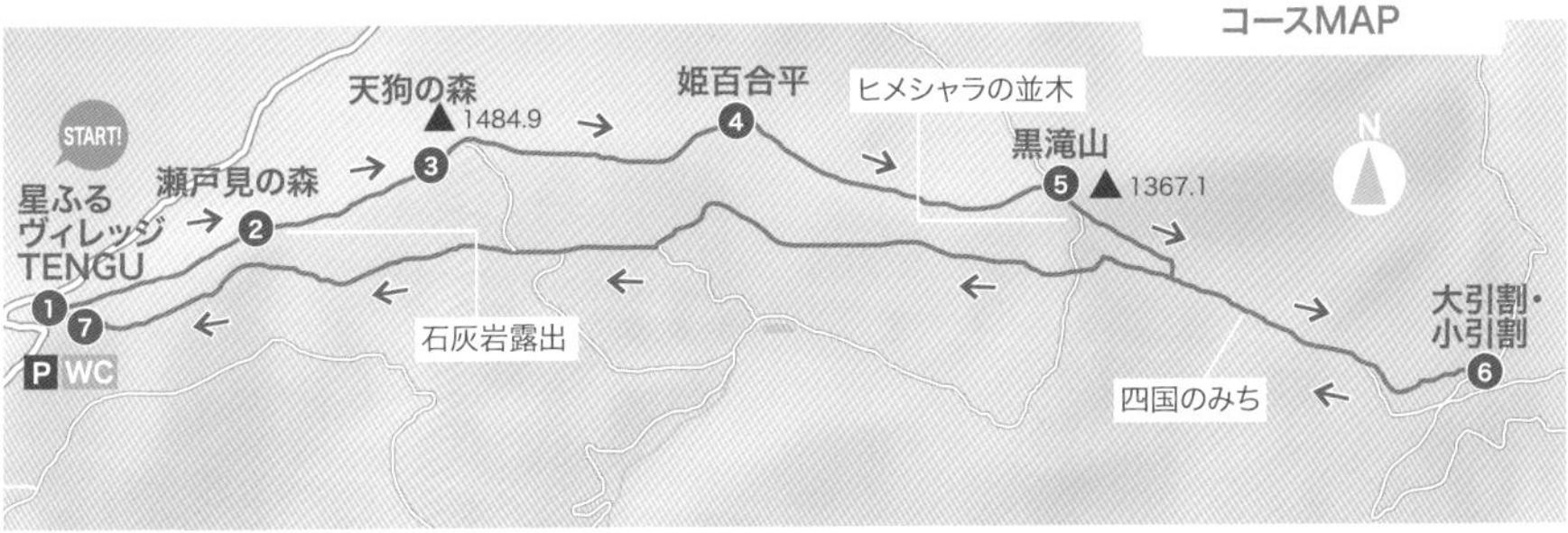
コースMAP
START!
星ふる
ヴィレッジ
TENGU
瀬戸見の森
天狗の森
1484.9
姫百合平
ヒメシャラの並木
黒滝山
1367.1
N
大引割・
小引割
石灰岩露出
四国のみち
P WC

ワンポイントアドバイス

▲森林セラピーは、森林の癒し効果を科学的に分析し、より癒しを受けられるように環境を整えたもの

◀星ふるヴィレッジTENGUの周辺に350ヘクタールのセラピーエリアがある。ヒノキのチップが敷かれたセラピーロードをガイドとともに歩く。ガイド案内は有料・要予約。星ふるヴィレッジTENGUで受付をしている

▲天空の道（県道383号）

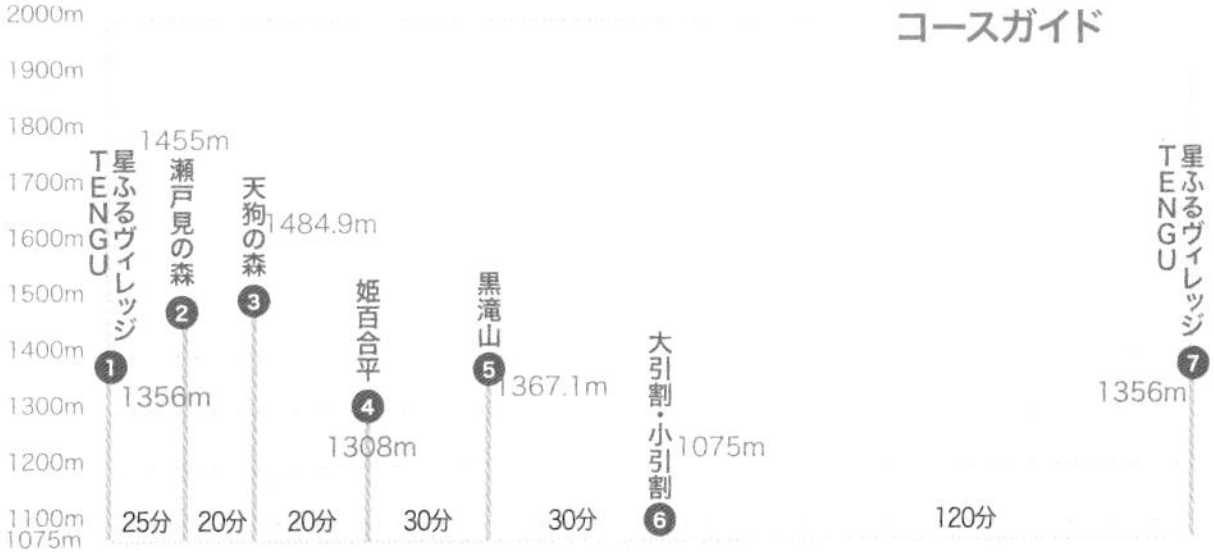
コースガイド
2000m
1900m
1800m
1700m
1600m
1500m
1400m
1300m
1200m
1100m
1075m
星ふるヴィレッジTENGU
1356m
瀬戸見の森
1455m
天狗の森
1484.9m
姫百合平
1308m
黒滝山
1367.1m
大引割・小引割
1075m
星ふるヴィレッジTENGU
1356m
25分
20分
20分
30分
30分
120分

立ち寄りスポット

▼「星ふるヴィレッジTENGU」食事や宿泊も可能。併設して「プラネタリウム」があり、四国カルストの星空や津野町の大自然を大迫力の映像で体感できる
問／高知県高岡郡津野町芳生野乙4921-22 TEL0889-62-3188

四季の魅力

▲ヒメシャラはツバキ科ナツツバキ属の落葉高木。夏に小さな白い花を咲かせる。秋には紅葉する。冬の木立もまた趣がある

天狗の森DATA

●おすすめ登山シーズン
4月〜11月
●トイレ
星ふるヴィレッジTENGUに有
●駐車場
星ふるヴィレッジTENGU駐車場（100台）
●アクセス
高知自動車道須崎東ICより国道197号津野町高野を右折後30分。松山市より国道33号・国道440号経由2時間10分

●お問合せ 津野町役場観光推進課 TEL0889-55-2021

▲装束峠には展望台があり室戸方面を見渡せる。峠を越えて嫁入りする際ここで衣装を着替えたから、とも言われている

往時の姿を残す山中の街道を行く

野根山街道《のねやまかいどう》

体力度
★☆☆☆

日程
半日

歩行時間
3時間50分

歩行距離
11km

累計標高差
630m

標高
1082m
(装束峠)

高知県安芸郡奈半利町と東洋町野根を尾根伝いに結ぶ野根山街道は、奈良時代に整備されたといわれている。尾根伝いの全長36キロが江戸時代の様子を残しており、「四国のみち」として再整備され注目されている。その中間部分を周遊してみよう。

そばを通る林道を車でアプローチ。無線中継所❶のそばに車を置き、まず岩佐関所跡❺に向う。タイムスリップした気分で熊笹峠❷、装束峠❸を越え、関所へと下る。関主木下家の墓所と御殿跡がある。近くには土御門上皇ゆかりの「岩佐の清水」が。ここから来た道を引き返し、装束峠から西へと下っていく。装束峠は街道中最高峰で、参勤交代の帰りに殿様がここで着替えたことが名前の由来との説も。近くに藩主の休憩所「お茶屋場」がある。

三里塚❽は一里ごとに石で積み上げた塚が道標で当時のものが残っている。近くに宿屋杉の休憩所がある。宿屋杉は室戸台風で倒れたが樹齢千年以上の巨木だった。今も根本が残る。スタート地点へと戻る。

ワンポイントアドバイス

▲全長は約36kmあり健脚であれば歩きと通すことも可能だが、通常車で林道を近くまで行き、コースの一部を歩く。今回紹介したのは真ん中あたり

▲宿屋杉の休憩所。宿屋杉は室戸台風で倒れた樹齢千年以上の巨木の根本。現在は一部が崩壊し、歳月と共に風化している

コースMAP
START!
N
1 無線中継所 P
10
熊笹峠
9 2 7
装束峠休憩所
3
6
近くに藩主の
休憩所「お茶屋場」
4
岩佐の関
5
WC
宿屋杉の休憩所そば
8 三里塚

◀熊笹の美しい熊笹峠。すばらしい展望だ

▲岩佐の関

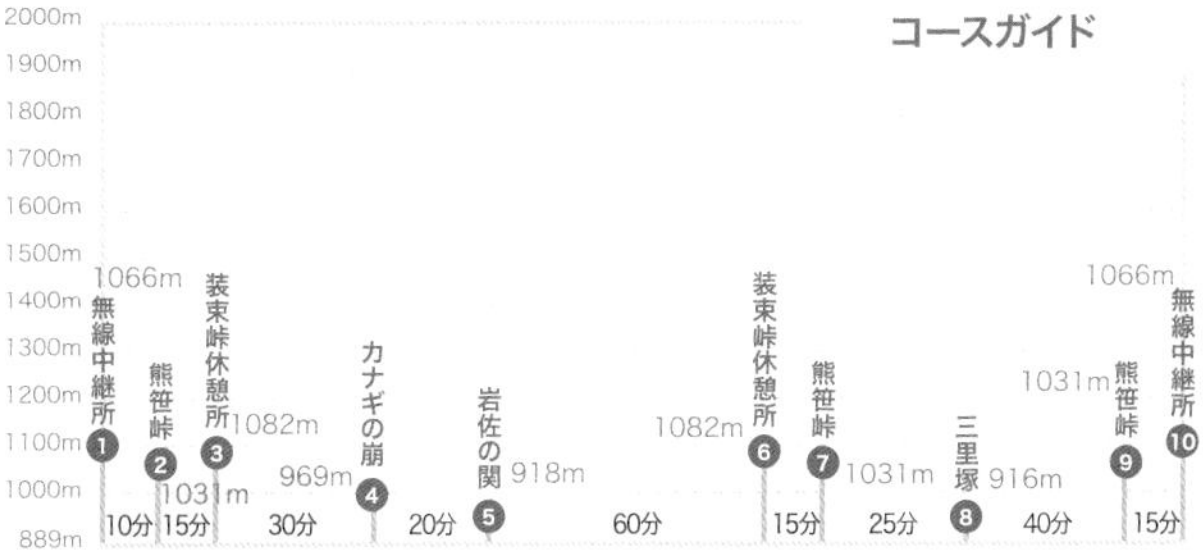
コースガイド
2000m
1900m
1800m
1700m
1600m
1500m
1400m
1300m
1200m
1100m
1000m
889m
1 無線中継所 1066m
2 熊笹峠 1031m
3 装束峠休憩所 1082m
4 カナギの崩 969m
5 岩佐の関 918m
6 装束峠休憩所 1082m
7 熊笹峠 1031m
8 三里塚 916m
9 熊笹峠 1031m
10 無線中継所 1066m
10分
15分
30分
20分
60分
15分
25分
40分
15分

立ち寄りスポット

▼中岡慎太郎館。コースの一部は北川村も通る。維新の志士・中岡慎太郎の生家があり、記念館として整備されている。

問／高知県安芸郡北川村柏木140
TEL0887-38-8600

四季の魅力

▲四季を通じて利用できる。杉の他様々な木々が街道沿いにあり、季節ごとの趣が味わい深い。写真はさるすべりの幹

野根山街道DATA

●おすすめ登山シーズン
1月～12月

●トイレ
岩佐の関 休憩所

●駐車場
なし。林道路肩スペース利用

●アクセス
土佐くろしお鉄道奈半利駅より国道493号、北川村役場先の野川より野川林道利用

●お問合せ 北川村役場 TEL0887-32-1222

▲横倉山から越知町や仁淀川を見下ろす。横倉山修験道の行場、カブト嶽からの眺め

平家の落人伝説を訪ねて神秘の山へ

横倉山《よこぐらやま》

体力度
★★☆☆

日程
半日

歩行時間
2時間50分

歩行距離
4.5km

累計標高差
405m

標高
800m
(横倉宮)

横倉山中には、壇ノ浦の戦いで平家が滅んだとされる2年後の文治3(1187)年に、この地に落ち延びてきた平家の人々を祀る祠が80社以上あるという。頂上の横倉宮は、密かに落ち延びこの地で亡くなった安徳天皇を祀っているのだという。

国道33号の越知橋を渡り横倉山の標識に沿って15分ほど進むと織田公園がある。その手前の第一駐車場に車を止め、南遊歩道登り口❶から、左側の「四国のみち」として整備されている尾根道を登っていく。鎖場を登るとカブト嶽❷となる。越知の市街地や仁淀川が見える。岩尾根を進むと三角点に至り、休憩所が設けられ、椅子やテーブルが備えられている。さらに尾根道を進むと安徳天皇を祀った横倉宮❸がある。また神社裏手には高さ80メートルの絶壁、通称「馬鹿だめし」がある。

下りは杉原神社❹を経ての旧表参道をとる。杉原神社の境内に樹高50メートル以上、樹齢500~600年の巨大杉が、また参道石段横には夫婦杉がある。杉原神社のすぐ近くには、名水百選「安徳水」も。一番高い場所に第三駐車場、その下に第二駐車場❺があり、出発点まで車道を下る。

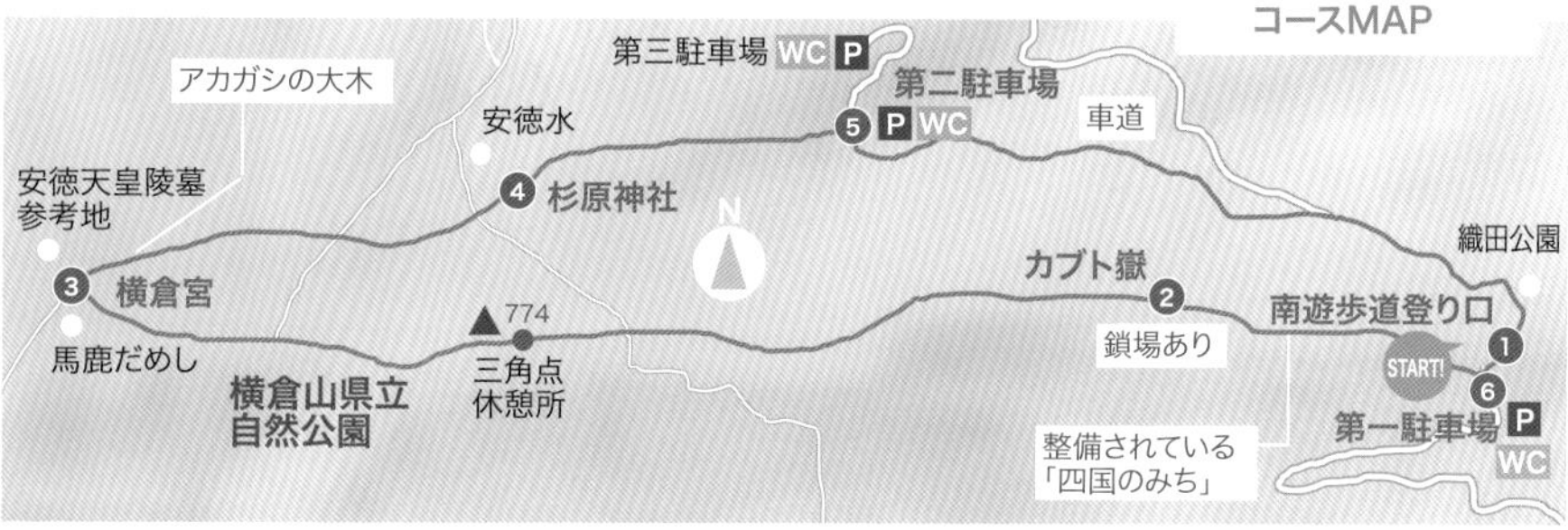
コースMAP
第三駐車場 WC P
アカガシの大木
第二駐車場
5 P WC
車道
安徳水
安徳天皇陵墓
参考地
4 杉原神社
N
織田公園
3 横倉宮
カブト嶽
2
南遊歩道登り口
774
1
START!
馬鹿だめし
三角点
休憩所
鎖場あり
6 P
横倉山県立
自然公園
第一駐車場
WC
整備されている
「四国のみち」

ワンポイントアドバイス

◀右／安徳天皇を祭神とする横倉宮。背後は「馬鹿だめし」
左／横倉宮の先に安徳天皇陵墓参考地がある。宮内庁管轄の全国に五カ所ある参考地のひとつ

▲名水の呼び声も高い「安徳水」。杉原神社の近くにある

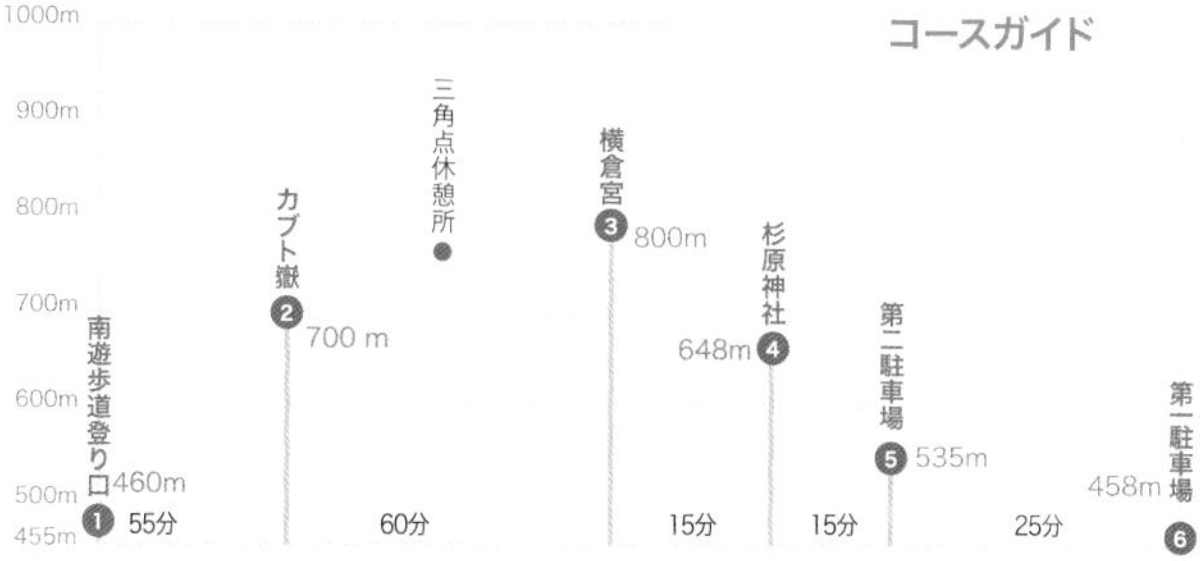
コースガイド
1000m
900m
800m
700m
600m
500m
455m
南遊歩道登り口
1 460m
55分
カブト嶽
2 700 m
60分
三角点休憩所
横倉宮
3 800m
15分
杉原神社
648m 4
15分
第二駐車場
5 535m
25分
第一駐車場
458m
6

立ち寄りスポット

▼「横倉山自然の森博物館」は安藤忠雄氏設計の町立博物館。地質・化石、植物、歴史・伝説をテーマに横倉山に関する資料の他、世界の化石も展示している。
問／TEL0889-26-1060

四季の魅力

▲年中を通して楽しめる。積雪はほとんどない。植物の種類が豊富なことでも知られる。 越知町では9月下旬から10月中旬にかけてコスモスまつりを開催。

横倉山DATA

●おすすめ登山シーズン
1月〜12月
●トイレ
各駐車場に有
●駐車場
第一駐車場、第二駐車場、第三駐車場
●アクセス
高知自動車道伊野ICより国道33号を約30km、40分。JR土讃線佐川駅より約8km、約15分

▲登山道東よりカブト嶽を望む

●お問合せ 越知町役場企画課 TEL0889-26-1164

column 5

知っておきたい危険動植物

日本の山野は突然襲ってくる生き物が多いわけではなく、おおむね安全で平和な自然に恵まれています。日本に住む猛獣といえば、北海道のヒグマはどう猛なグリズリーベアーなので危険な存在。それ以外にも本州の中部以北にはツキノワグマが多いので、注意が必要です。また、毒へビは奄美群島と沖縄にはハブがいて本州にはマムシがいます。勿論噛まれると致死性があるので、疑わしいへビを見たらいたずらに刺激せず避けることが望ましい。

　そして何よりも怖いのはスズメバチ。実は、毒へビで死ぬ人数より数倍も多いので一番気をつけなくてはならない生物です。山歩きの際はハチを刺激する匂いのする香水や化粧品を避け、黒色の衣類を身につけないことがハチの攻撃を予防することになります（黒い色を狙う習性があるのです）。ほかには感染症で死者が出てニュースになった極小のダニがいますが、もし噛まれて熱などが出た場合は医師の診断を受けて下さい。

　植物では食べると中毒になるものがありますが、山歩きの際に注意が必要なのは接触すると皮膚かぶれを起こす人がいるウルシです。葉の形などを知っておくと良いでしょう。

ツタウルシの葉

季節ごとの見どころを選ぶ!

四季の登山カレンダー

マイヅルソウ

ミヤマカタバミ

山地の林内や林縁に群生し、高さは6〜10cm。葉は3枚のハート型をした小葉からなり、葉の裏や花茎などに細かい毛が密生している。花は白や淡紅紫色で花弁に紫色の筋があるものも。

1月	2月	3月	4月	5月	6月	7月	8月	9月	10月	11月	12月

おすすめの山 **牛曳山**…26p、**那岐山**…50p、**寂地山**…84p

シュンラン

乾燥した林内に生える。春になると長さ10〜20cmの鞘がついた花茎を伸ばし、先端に淡黄緑色の花を一つ咲かせる。唇弁は白色に濃紅紫色の斑点があり、強く反り返る。

1月	2月	3月	4月	5月	6月	7月	8月	9月	10月	11月	12月

おすすめの山 **牛曳山**…26p、**那岐山**…50p、**五色台**…112p、**星ヶ城山**…114p

シャガ

やや湿った林内に群生し、高さは30〜70cm。直径4〜5cmの淡白紫色の花が咲き、花は朝開いて夜しぼむ。花弁に橙黄色の模様と突起があり、そのまわりに淡紫色の斑点がある。

1月	2月	3月	4月	5月	6月	7月	8月	9月	10月	11月	12月

おすすめの山 **寂地山**…84p、**五色台**…112p

カタクリ

落葉広葉樹の林床で群生する。花茎は10cmほどで、先端に淡紫色から淡紅色の花が下向きに咲く。太陽の光に当たると花被片が反り返り、日差しがない時は閉じたまま。一年のうち10ヵ月を地中で過ごし、花は5日ほどで散る。

おすすめの山

吉和冠山…42p、**毛無山**…48p、**那岐山**…50p、**蒜山**…52p、**船通山**…78p、**寂地山**…84p、**赤石山**…106p

1月	2月	3月	4月	5月	6月	7月	8月	9月	10月	11月	12月

イチリンソウ

落葉広葉樹林の林床や草地などに生える。高さは20〜30cmで、羽状に深く裂けた葉を持つ。茎の先に一輪の花が咲き、5〜6枚の花びらのような白いがくがあるが、花弁はない。

1月	2月	3月	4月	5月	6月	7月	8月	9月	10月	11月	12月

おすすめの山 **那岐山**…50p、**船上山**…66p

アケボノツツジ

1000mを超える高山に自生し、曙の空の色に似た淡紅色をしていることからこの名がついた。高さは2〜6m。丸みを帯びた大輪の花を咲かせ、山をピンク色に染め、花が終わってから葉が出てくる。

おすすめの山

寂地山…84p、**伊予富士**96p、**篠山**…100p、**三本杭**…102p、**赤石山**…106p、**不入山**…122p

1月	2月	3月	4月	5月	6月	7月	8月	9月	10月	11月	12月

ヤマツツジ

日本の野生ツツジの代表種で、分布域が最も広い。低山地や丘陵、草原などに自生し、高さは1〜5m。朱色の花が一つの枝先に1〜3個つく。

1月	2月	3月	4月	5月	6月	7月	8月	9月	10月	11月	12月

おすすめの山

道後山…36p、**操山**…54p、**寂地山**…84p、**東鳳翩山**…86p、**三本杭**…102p、**赤石山**…106p、**五色台**…112p

ギンリュウソウ

山地のやや湿り気のあるところに生育する。全体が白色で葉緑体を持たず、菌類と共生している腐生植物である。花茎は15cmほどに伸び、先端に円筒形の花がややうつむいて咲く。

1月	2月	3月	4月	5月	6月	7月	8月	9月	10月	11月	12月

おすすめの山

牛曳山…26p、**寂地山**…84p、**星ヶ城山**…114p

ヤマボウシ

高さ5～10mの落葉高木で、緑の葉の上に帽子をかぶせたように白く固まって咲く。白い部分は花弁ではなく総苞。花は淡黄色で真ん中に実のように集まって咲いている。9月頃に赤く熟す実は甘みがあり食べられる。

1月	2月	3月	4月	5月	6月	7月	8月	9月	10月	11月	12月

おすすめの山 **大山**…10p、**扇ノ山**…58p、**船上山**…66p、**五色台**…112p、**星ヶ城山**…114p

ササユリ

山地の草原に生え、高さは50cm～1m。名前の通り、笹に似た葉を持つ。茎先に10cmほどの淡いピンク色の花が横向きに咲き、強い芳香がある。赤褐色の花粉が特徴的。

1月	2月	3月	4月	5月	6月	7月	8月	9月	10月	11月	12月

おすすめの山 **大山**…10p、**深入山**…34p、**蒜山**…52p、**船上山**…66p、**三瓶山**…76p、**寂地山**…84p、**赤石山**…106p

コケイラン

一定の標高以上の産地のやや湿った林床に生育する多年草。高さ30～40cmで、黄褐色の小さな花を多数つける。花の一つ一つをよく見ると白いフリルのような唇弁があるのがわかる。

1月	2月	3月	4月	5月	6月	7月	8月	9月	10月	11月	12月

おすすめの山 **牛曳山**…26p、**船上山**…66p

ホタルブクロ

山地の林縁や水辺、斜面などに群生。高さは40～80cmで、4cmほどの釣鐘型の花を咲かせる。花の色には赤紫色と白色のものがあり、内側には濃色の斑点がある。名前の由来は花の中にホタルを入れて遊んだことからといわれている。

1月	2月	3月	4月	5月	6月	7月	8月	9月	10月	11月	12月

おすすめの山 **大山**…10p、**牛曳山**…26p、**船上山**…66p、**星ヶ城山**…114p

ナナカマド

バラ科の落葉高木で、高さは7～10mになる。夏に小さな白い花が多数咲き、9～10月に約1cmの赤い実がつく美しい木。実は鳥類が好んで食べ、果実酒などに利用されることも。

1月	2月	3月	4月	5月	6月	7月	8月	9月	10月	11月	12月

おすすめの山 **大山**…10p、**牛曳山**…26p、**扇ノ山**…58p、**船上山**…66p、**寂地山**…84p、**赤石山**…106p、**白髪山**…124p

ヤマアジサイ

関東以西から九州の山地の谷沿いや湿った斜面などに生える。花の色ははじめ白色や淡青色なのが、のちに淡紅色に変わるものが多い。葉には小さな鋸歯があり、細かい毛が生えている。

1月	2月	3月	4月	5月	6月	7月	8月	9月	10月	11月	12月

おすすめの山 **牛曳山**…26p、**船上山**…66p、**寂地山**…84p、**赤石山**…106p

ナツツバキ

福島・新潟以西から九州の山地に生え、高さは15mほどになる巨樹。樹皮はなめらかで、4〜10cmの葉の縁には細かい鋸歯がある。花は冬に咲くツバキと似た形だが、色は白。花弁にも細かい鋸歯がまばらについている。

おすすめの山

大山…10p、**牛曳山**…26p、**船上山**…66p

1月	2月	3月	4月	5月	6月	7月	8月	9月	10月	11月	12月

ウバユリ

藪の中や山中の木陰に自生する。軸のついた卵型心形の葉はユリの仲間に多い平行脈ではなく網状脈なのが特徴。長さ12〜17cmの緑白色の花が横向きに咲き、花冠はあまり開かない。

1月	2月	3月	4月	5月	6月	7月	8月	9月	10月	11月	12月

おすすめの山 **牛曳山**…26p、**後山**…46p、**那岐山**…50p、**船上山**…66p、**寂地山**…84p、**五色台**…112p

ヤマジノホトトギス

高さは30〜60cm。茎は細かい毛が密生し、直立か多少屈曲している。ユリ科の植物で茎先や葉腋に白に紫色の斑点がある花が一つか二つ咲く。

1月	2月	3月	4月	5月	6月	7月	8月	9月	10月	11月	12月

おすすめの山 **牛曳山**…26p、**船上山**…66p

ハギ

万葉集にも詠まれた秋の七草の一つで、日当りのいい場所に生育するマメ科の植物。ややしだれた枝に赤紫色の蝶型の花が房になって多数つく。丈夫で荒れた土地にも強く、放牧地や山火事跡などにも生える。

1月	2月	3月	4月	5月	6月	7月	8月	9月	10月	11月	12月

おすすめの山 **操山**…54p、**扇ノ山**…58p、**船上山**…66p、**寂地山**…84p、**赤石山**…106p

トチバニンジン

トチノキに似た葉と朝鮮人参のような根を持つ多年生植物で、北海道、本州、四国、九州に分布する。夏に淡緑色の小さな花を咲かせ、秋に直径6mmほどの丸くて赤い実がつく。根は漢方薬チクセツニンジンとして用いられる。

1月	2月	3月	4月	5月	6月	7月	8月	9月	10月	11月	12月

おすすめの山 **牛曳山**…26p、**後山**…46p、**船上山**…66p、**三瓶山**…76p

ツリガネニンジン

山地の草原などに生育する多年草。淡紫色または白色の釣鐘型の花が特長的でかわいらしい。花の大きさは1,5cm〜2cmで、数段に分かれて輪生しやや下向きにつく。春の若い芽は食用にされることもある。

1月	2月	3月	4月	5月	6月	7月	8月	9月	10月	11月	12月

おすすめの山 **牛曳山**…26p、**道後山**…36p、**船上山**…66p、**赤石山**…106p、**白髪山**…124p

リンドウ

本州、四国、九州の湿った野山に自生する。ササに似た細い葉で、高さは20cm〜1m。花は晴天の日だけに咲き、青紫色で筒状の花を上向きにいくつも咲かせる。園芸でも人気の品種で、鉢や切り花でも流通している。

1月	2月	3月	4月	5月	6月	7月	8月	9月	10月	11月	12月

おすすめの山 **大山**…10p、**扇ノ山**…58p、**船上山**…66p、**吾妻山**…72p、**赤石山**…106p、**白髪山**…124p

ススキ

日当りの良い丘陵地や高原に群生する。穂の全体が小さな花の集まりで、秋が深まるにつれて綿毛を付けた種子が熟し、風に乗って舞い始める。

1月	2月	3月	4月	5月	6月	7月	8月	9月	10月	11月	12月

おすすめの山 **大山**…10p、**深入山**…34p、**扇ノ山**…58p、**吾妻山**…72p、**寂地山**…84p、**東鳳翩山**…86p、**龍護峰**…90p、**赤石山**…106p、**白髪山**…124p

冬

氷瀑

滝の規模によるが、水面の温度が−10℃以下になると、滝が凍結することがある。流れる滝がそのまま氷柱となった様子は迫力満点。気温以外に水量なども氷結の条件に関係し、タイミングが良い時に出合える。大きいものはアイスクライミングができるものもある。

おすすめの山

龍頭山（黒滝）…44p

提供：龍頭山

1月	2月	3月	4月	5月	6月	7月	8月	9月	10月	11月	12月

樹氷

写真提供：響の森

過冷却された濃霧が物にぶつかって凍結付着する現象で、特に気温−5度以下で風が強い時に発生する。風上側に大きくなり、時にもとの姿がわからないほど成長したものも。大きいものはアイスモンスターと呼ばれる。

おすすめの山

牛曳山…26p、**恐羅漢山**…30p、**氷ノ山**…68p

1月	2月	3月	4月	5月	6月	7月	8月	9月	10月	11月	12月

ヤブツバキ

高さ5〜6mの常緑高木。葉先は尖り、縁に細かい鋸歯がある。花は基部がくっついているため半開状で、花弁とおしべは同時に落ちる。庭や公園で見かけるものは、ヤブツバキやユキツバキの交配で生まれた園芸品種。

1月	2月	3月	4月	5月	6月	7月	8月	9月	10月	11月	12月

おすすめの山　**五色台**…112p　**星ヶ城山**…114p

な

は

ま

や

ら

さくいん

あ

か

さ

た

コラム執筆
「山歩きの準備と持ち物」「美味しい野外食」
「春の味覚を楽しもう」「山へ登る楽しみ」「知っておきたい危険動植物」

赤津孝夫《あかつ たかお》

1947年、長野県生まれ。父親の影響で釣りや狩猟などに親しみ、野山を巡る少年時代を過ごす。1977年、アウトドア用品の輸入販売会社「エイ アンド エフ」を創業。直営店「A&Fカントリー」を北海道から九州まで26店舗とインターネットショップを展開し、現在は会長として事業の経営にあたっている。また、職務の傍ら、登山やアウトドアスポーツ、狩猟、釣りなどを楽しんでいる。アウトドアだけでなく、サバイバルにも精通しており、著書に『スポーツナイフ大研究』（講談社）、『アウトドア200の常識』（ソニー・マガジンズ）『アウトドア・サバイバル・テクニック』（地球丸）などがある

山歩きの会・遊道山《やまあるきのかい・ゆうどうざん》

初心者からベテランまでが参加する山歩きサークル。週末を中心に、自然の中で仲間との会話を楽しみながら山歩きを楽しんでいる

取材・写真提供

広島県
社団法人岡山県観光連盟
社団法人島根県観光連盟
社団法人山口県観光連盟
鳥取県
愛媛県
高知県
香川県
徳島県

大山町役場　観光商工課
三好市役所
西条市産業経済部観光振興課
西条市観光物産協会
ひろしま県民の森
坂町役場産業建設課
海田町都市整備課
広島市安芸区役所地域おこし推進課
安芸太田町商工観光課
府中町役場
（一社）庄原観光推進機構
廿日市市役所
はつかいち観光協会吉和支部
北広島町役場豊平支所産業振興係
美作市役所
新庄村役場
（財）岡山市公園協会操山公園里山センター
奈義町産業振興課
真庭市蒜山振興局
蒜山観光協会
操山公園里山センター
八頭町役場産業観光課商工観光室
鳥取市役所
鳥取市 観光コンベンション推進課
一般社団法人鳥取市観光コンベンション協会
（一社）山里Loadにちなん

三徳山三佛寺
琴浦町観光協会
若桜町役場産業観光課
若桜町観光協会
氷ノ山自然ふれあい館　響の森
奥出雲町観光協会
益田市匹見地域総務課
大田市役所産業振興部観光振興課
日南町役場企画課
斐乃上荘
出雲市役所

周防大島商工観光課
岩国市役所錦総合支所地域振興課
寂地峡案内所
山口市観光交流課
深坂自然の森　森の家下関
（一社）美祢市観光協会
いの町観光協会
いの町本川総合支所産業建設課
宇和島市 産業経済部商工観光課観光係
松野町ふるさと創生課
滑床アウトドアセンター
伊予市役所
えひめ森林公園管理事務所
新居浜市役所
丸亀市観光協会
香川県環境森林部みどり保全課
小豆島町役場
寒霞渓ロープウェイ
高松市役所観光交流課
新屋島水族館
つるぎ町交流促進課
三好市役所観光課
三好市観光案内所
津野町役場観光推進課
香美市商工観光課
天狗荘
北川村役場
越知町役場企画課
（順不同）

中国·四国 ゆったり山歩き
日帰りで楽しむ厳選コースガイド

2024年3月5日　第1版·第1刷発行

著　者　山歩きの会・遊道山（やまあるきのかい・ゆうどうざん）
発行者　株式会社メイツユニバーサルコンテンツ
代表者　大羽 孝志
〒102-0093 東京都千代田区平河町一丁目1-8
印　刷　株式会社厚徳社

 ISBN978-4-7804-2874-2 C2026 Printed in Japan.

ご意見·ご感想はホームページから承っております。
ウェブサイト　https://www.mates-publishing.co.jp/

企画担当：千代 寧

※本書は2020年発行の『中国・四国 山歩きガイド 改訂版 ゆったり楽しむ』を元に加筆・修正を行い、書名・装丁を変更して新たに発行したものです。